메시지 | 마가복음

KB218623

THE MESSAGE: Mark

Eugene H. Peterson

마가복음

유진 피터슨

복 있는 사람

메시지 | 마가복음

2019년 12월 20일 초판 1쇄 발행
2025년 3월 24일 초판 11쇄 발행

지은이 유진 피터슨
옮긴이 김순현 윤종석 이종태
감수자 김영봉
펴낸이 박종현

(주) 복 있는 사람
주소 서울특별시 마포구 연남동 246-21(성미산로23길 26-6)
전화 02-723-7183(편집), 7734(영업·마케팅) 팩스 02-723-7184
이메일 hismessage@naver.com
등록 1998년 1월 19일 제1-2280호

ISBN 978-89-6360-333-9 00230

이 도서의 국립중앙도서관 출판예정도서목록(CIP)은 서지정보유통지원시스템 홈페이지(http://seoji.nl.go.kr)와 국가자료공동목록시스템(http://www.nl.go.kr/kolisnet)에서 이용하실 수 있습니다. (CIP 제어번호: 2019049728)

차례

일러두기

• 유진 피터슨의 『메시지』 영어 원문을 번역하면서, 한국 교회의 실정과 환경을 고려하여 『메시지』 한글 번역본의 극히 일부분을 의역하거나 문장과 용어를 바꾸었다.

『메시지』를 읽는 독자에게

『메시지』에 독특한 점이 있다면, 현직 목사가 그 본문을 다듬었기 때문일 것이다. 나는 성경의 메시지를 내가 섬기는 사람들의 삶 속에 들여놓는 것을 내게 주어진 일차적 책임으로 받아들이고 성인 인생의 대부분을 살아왔다. 강단과 교단, 가정 성경공부와 산상수련회에서 그 일을 했고, 병원과 양로원에서 대화하면서, 주방에서 커피를 마시고 바닷가를 거닐면서 그 일을 했다. 『메시지』는 40년간의 목회 사역이라는 토양에서 자라난 열매다.

인간의 삶을 만들고 변화시키는 하나님의 말씀은, 내가 『메시지』작업을 하는 동안 정말로 사람들의 삶을 만들고 변화시켰다. 우리 교회와 공동체라는 토양에 심겨진 말씀의 씨앗은, 싹을 틔우고 자라서 열매를 맺었다. 현재의 『메시지』를 작업할 무렵에는, 내가 수확기의 과수원을 누비며 무성한 가지에서 잘 영근 사과며 복숭아며 자두를 따고 있다는 기분이 들곤 했다. 놀랍게도 성경에는, 내가 목회하는 성도며 죄인인 사람들이 살아 낼 수 없는 말씀, 이 나라와 문화 속에서 진리로 확증되지 않는 말씀이 단 한 페이지도 없었다.

내가 처음부터 목사였던 것은 아니다. 원래 나는 교사의 길에 들어서서, 몇 년간 신학교에서 성경 원어인 히브리어와 그리스어를 가르쳤다. 남은 평생을 교수와 학자로 가르치고 집필하고 연구하며 살겠거니 생각했었다. 그러다 갑자기 직업을 바꾸어 교회 목회를 맡게 되었다.

뛰어들고 보니, 교회는 전혀 다른 세계였다. 제일 먼저 눈에 띈 차이는, 아무도 성경에 별로 관심이 없어 보인다는 점이었다. 얼마 전까지만 해도, 사람들은 내게 돈을 내면서까지 성경을 가르쳐 달라고 했는데 말이다. 내가 새로 섬기게 된 사람들 중 다수는, 사실 성경에 대해 아무것도 몰랐다. 성경을 읽은 적도 없었고, 배우려는 마음조차 없었다. 성경을 몇 년씩 읽어 온 사람들도 많았지만, 그들에게 성경은 너무 익숙해서 무미건조하고 진부한 말로 전락해 있었다. 그들은 지루함을 느낀 나머지 성경을 제쳐 둔 상태였다. 그 양쪽 사이에 있는 사람은 많지 않았다. 내가 가장 중요하게 여긴 일은, 성경 말씀을 그 사람들의 머리와 가슴 속에 들여놓아서, 성경의 메시지가 그들의 삶이 되게 하는 것이었다. 그러나 거기에 관심을 갖는 사람은 거의 없었다. 신문과 잡지, 영화와 소설이 그들 입맛에 더 맞았다.

결국 나는, 바로 그 사람들에게 성경의 메시지를 듣게―정말로 듣게―해주는 일을 내 평생의 본분으로 삼게 되었다. 그것이야말로 확실히 나를 위해 예비된 일이었다.

나는 성경의 세계와 오늘의 세계라는 두 언어 세계에 살고 있었다. 나는 언제나 그 두 세계가 같은 세계인 줄 알았다. 그러나 사람들은 그렇게 보지 않았다. 나는 어쩔 수 없이 "번역가"(당시에는 그런 표현을 쓰지 않았지만)가 되었다. 날마다 그 두 세계의 접경에 서서, 하나님이 우리를 창조하시고 구원하시고 치유하시고 복 주시고 심판하시고 다스리실 때 쓰시는 성경의 언어를, 우리가 잡담하고 이야기하고 길을 알려 주고 사업하고 노래 부르고 자녀에게 말할 때 쓰는 오늘의 언어로 옮긴 것이다.

그렇게 하는 동안, 성경의 원어—강력하고 생생한 히브리어와 그리스어—는 끊임없이 내 설교의 물밑에서 작용했다. 성경의 원어는 단어와 문장을 힘 있고 예리하게 해주고, 내가 섬기는 사람들의 상상력을 넓혀 주었다. 그래서 오늘의 언어 속에서 성경의 언어를 듣고, 성경의 언어 속에서 오늘의 언어를 들을 수 있게 해주었다.

나는 30년간 한 교회에서 그 일을 했다. 그러던 어느 날(1990년 4월 30일이었다), 한 편집자가 내게 편지를 보내 왔다. 그동안 내가 목사로서 해온 일의 연장선에서 새로운 성경 번역본을 집필해 달라는 청탁의 편지였다. 나는 수락했다. 그 후 10년은 수확기였다. 그 열매가 바로 『메시지』다.

『메시지』는 읽는 성경이다. 기존의 탁월한 주석성경을 대체하기 위한 것이 아니다. 내 취지는 간단하다. (일찍이 우리 교회와 공동체에서도 그랬듯이) 성경이 충분히 읽을 수 있는 책이라는 사실을 모르는 사람들에게 성경을 읽게 해주고, 성경에 관심을 잃은 지 오래된 사람들에게 성경을 다시 읽게 해주는 것이다. 그렇다고 굳이 내용을 쉽게 하지는 않았다. 성경에는 이해하기 어려운 부분도 많이 있다. 그래서 『메시지』를 읽다 보면, 더 깊은 연구에 도움이 될 주석성경을 구하는 일이 조만간 중요하게 여겨질 것이다. 그때까지는, 일상을 살기 위해 읽으라. 읽으면서 이렇게 기도하라. "하나님, 말씀하신 대로 내게 이루어지기를 원합니다."

유진 피터슨

마가복음 | 머리말

마가는 시간을 허비하지 않고 곧장 본론으로 들어간다. 도입은 한 문장으로 끝내고("예수 그리스도의 복된 소식, 곧 메시지는……여기서부터 시작된다"), 처음부터 끝까지 한 번도 곁길로 벗어나지 않는다. 세상을 보고 경험하는 방식을 근본적으로 바꾸어 놓는 사건이 벌어졌으니, 마가는 어서 그것을 말해 주고 싶은 것이다. 그의 글에는 거의 모든 문장에 숨 가쁜 흥분의 기운이 묻어난다. 메시지를 빨리 받을수록 우리한테 좋은 것이다. 그것은 믿을 수 없을 만큼 좋은 메시지인 까닭이다. 그 메시지란 하나님이 여기 계시며, 그분이 우리 편이시라는 것이다. 심지어 마가는 그분께서 우리를 '가족'이라 부르신다고 말한다.

예수께서 그 전갈을 받을 때에 무리에 둘러싸여 있었다. "선생님의 어머니와 동생들이 밖에서 찾고 있습니다." 예수께서 대답하셨다. "내 어머니와 형제들이 누구라고 생각하느냐?" 그러고는 둘러앉은 사람들을 일일이 쳐다보며 말씀하셨다. "내 어머니와 형제들이 여기, 바로 너희

앞에 있다. 순종이 피보다 진하다. 하나님의 뜻에 순종하
는 사람이 내 형제요 자매요 어머니다"(막 3:32-35).

하나님이 존재하신다는 발표만으로는 굳이 뉴스라 할 것도
없다. 거의 모든 세기의 거의 모든 사람이 하나님이나 신들
의 존재를 믿었다. 사실 고금을 통틀어 인류 전체는 의식주,
쾌락, 일, 가정 할 것 없이 다른 모든 관심사를 다 합한 것보
다도 신이라는 문제에 더 많은 주의와 관심을 기울였다고
해도 과언이 아니다.

그런데 그 하나님이 바로 지금 여기 계시고, 우리 편이시
며, 우리에게 가장 도움이 필요한 쪽으로 우리를 적극 돕고
자 하신다. 이것이야말로 뉴스감이다. 하나님에 대한 믿음
이 흔한 만큼이나 그 주제를 둘러싼 어림짐작과 뜬소문도
엄청나게 많고, 그 결과 미신과 불안과 착취가 판을 치고 있
기 때문이다. 그래서 당연히 마가는 예수의 탄생과 삶과 죽
음과 부활, 곧 하나님의 진리를 우리에게 계시해 주는 사건
들을 통해 무슨 일이 벌어졌는지 서둘러 말해 준다. 우리가
망상이 아니라 현실 속에 살 수 있도록 말이다. 하나님이 우
리를 구원하시는 일에 열심이시라는 것, 이것이야말로 이
세상에서 가장 실제적인 문제이기에, 마가는 우리가 그것을
모른 채 소중한 인생을 단 일 분이라도 허비하기를 원치 않
는 것이다.

마가복음

1 ¹⁻³ 예수 그리스도의 복된 소식, 곧 **메시지**는 정확히 예언자 이사야의 책에 나온 대로 여기서부터 시작된다.

잘 보아라. 내가 네 앞에 내 설교자를 보낸다.
그가 네 길을 평탄하게 할 것이다.
광야에서 외치는 소리여!
하나님 오심을 준비하여라!
길을 평탄하고 곧게 하여라!

⁴⁻⁶ 세례자 요한이 광야에 나타나서, 삶을 고쳐 죄 용서를 받는 세례를 선포했다. 유대와 예루살렘으로부터 사람들

이 떼를 지어 그에게 와서 죄를 고백하고, 요단 강에서 그에게 세례를 받고 삶을 고치기로 결단했다. 요한은 낙타털로 된 옷을 입고 허리에 가죽띠를 둘렀다. 그리고 메뚜기와 야생꿀을 먹었다.

7-8 요한은 이렇게 전했다. "진짜는 이제부터다. 이 드라마의 주인공은 너희의 삶을 바꾸어 놓으실 것이다. 그분께 비하면 나는 잔심부름꾼에 지나지 않는다. 나는 너희의 옛 삶을 바꾸어 천국의 삶을 준비시키려고 이 강에서 세례를 주고 있다. 그러나 그분의 세례, 성령의 거룩한 세례는 너희를 완전히 바꾸어 놓을 것이다."

9-11 그때, 예수께서 갈릴리 나사렛에서 오셔서 요단 강에서 요한에게 세례를 받으셨다. 물에서 올라오시는 순간, 예수께서는 하늘이 열리고 하나님의 영이 비둘기같이 그분 위에 내려오는 것을 보셨다. 성령과 더불어 한 음성이 들려왔다. "너는 내가 사랑으로 선택하고 구별한 내 아들, 내 삶의 전부다."

하나님 나라가 여기 있다

12-13 동일한 성령께서 즉시 예수를 광야로 몰아내셨다. 예수께서는 광야에서 사십 일을 밤낮으로 사탄에게 시험을 받으셨다. 들짐승들이 그분과 함께 있었고, 천사들이 그분을 도왔다.

14-15 요한이 체포된 뒤에, 예수께서 갈릴리에 가셔서 하나님

의 **메시지**를 전파하셨다. "때가 다 되었다! 하나님 나라가 여기 있다. 너희 삶을 고치고 **메시지**를 믿어라."

16-18 예수께서 갈릴리 호숫가를 지나시다가, 시몬과 그의 동생 안드레가 그물을 던지는 것을 보셨다. 고기잡이는 그들의 평소 직업이었다. 예수께서 그들에게 말씀하셨다. "나와 함께 가자. 내가 너희를 새로운 어부가 되게 하겠다. 잉어와 가물치 대신에 사람을 낚는 법을 가르쳐 주겠다." 그들은 아무것도 묻지 않고, 그물을 놓아두고 그분을 따라갔다.

19-20 예수께서 호숫가를 십여 미터쯤 더 가시다가, 세베대의 아들인 야고보와 요한 형제를 보셨다. 그들은 배에서 그물을 손질하고 있었다. 예수께서 곧바로 그들에게도 똑같이 제안하셨고, 그들은 즉시 아버지 세베대와 배와 품꾼들을 버려두고 그분을 따라갔다.

확신에 찬 가르침

21-22 그들은 가버나움에 들어갔다. 안식일이 돌아오자, 예수께서 지체하지 않고 회당으로 가셨다. 예수께서는 거기서 가르치며 하루를 보내셨다. 사람들은 종교 학자들처럼 궤변과 인용을 늘어놓지 않는, 아주 솔직하고 확신에 찬 그분의 가르침에 놀랐다.

23-24 예수께서 아직 회당에 있는데, 정신이 이상한 사람이 난데없이 끼어들어 소리를 질렀다. "나사렛 사람 예수여! 무슨 일로 우리한테 왔습니까? 나는 당신이 무슨 일을 하려

는지 압니다! 당신은 하나님의 거룩한 분이시며, 우리를 멸
하러 왔습니다!"

25-26 예수께서 그의 입을 막으셨다. "조용히 하고 그에게서
나오너라!" 괴롭히던 귀신이 그 사람에게 경련을 일으키고
는, 큰소리로 대들면서 나갔다.

27-28 거기 있던 사람들 모두가 믿기지 않는다는 듯 신기해
하며 웅성거렸다. "이게 어찌 된 일인가? 이 사람이 더러
운 귀신들의 입을 막고 내쫓다니! 말한 대로 이루어지는 새
로운 가르침인가?" 이 소식이 빠르게 퍼져서 온 갈릴리에
알려졌다.

29-31 회당에서 나온 그들은, 야고보와 요한과 함께 곧바로
시몬과 안드레의 집으로 갔다. 시몬의 장모가 몸져누워 있
었는데, 열이 불덩이 같았다. 그들이 예수께 알렸다. 예수께
서 그녀에게 가서 손을 잡아 일으키셨다. 그러자 열이 곧 떨
어졌고, 그녀는 일행의 저녁을 준비했다.

32-34 그날 저녁 해가 저물자, 사람들이 병자와 귀신 들려 괴
로워하는 사람들을 예수께 데려와서, 온 동네가 문전성시를
이루었다! 예수께서 그들의 병든 몸과 고통당하는 심령을
고쳐 주셨다. 귀신들이 그분의 참 정체를 알았으므로, 예수
께서는 그들이 한 마디도 하지 못하게 하셨다.

나병환자를 깨끗하게 하시다

35-37 날이 밝기 한참 전에, 예수께서 일어나셔서 한적한 곳

으로 기도하러 가셨다. 시몬과 그 일행이 그분을 찾으러 갔다. 예수를 만나자 그들이 말했다. "사람들이 다 주님을 찾고 있습니다."

38-39 예수께서 말씀하셨다. "다른 마을로 가자. 내가 거기서도 전도해야 하겠다. 나는 이 일을 하러 왔다." 예수께서는 갈릴리 온 회당을 다니시며, 전도하고 귀신을 쫓아내셨다.

40 한 나병환자가 그분께 와서, 무릎을 꿇고 간청했다. "원하시면 저를 깨끗하게 하실 수 있습니다."

41-45 못내 측은한 마음이 든 예수께서, 손을 내밀어 그에게 대며 말씀하셨다. "내가 원한다. 깨끗하게 되어라." 그러자 그 즉시 나병이 깨끗이 사라졌고, 그의 살갗은 보드랍고 온전해졌다. 예수께서 그를 보내시며 엄히 명하셨다. "누구에게도 아무 말 하지 마라. 깨끗하게 되었으니 모세가 정한 예물을 가지고 제사장에게 가서 네 몸을 보여라. 그러면 네가 나은 것이 사람들에게 입증될 것이다." 그러나 그 사람은 모퉁이를 돌아서자마자, 만나는 사람마다 그 일을 이야기하여 온 동네에 소문을 퍼뜨렸다. 그래서 예수께서 더 이상 시내에 자유로이 드나들지 못하고 외딴 곳에 머무셨다. 그러나 사람들은 온 사방에서 그분을 찾아왔다.

중풍병자를 고치시다

2 1-5 며칠 후에 예수께서 가버나움에 돌아오시자, 그분이 집에 계신다는 소문이 퍼졌다. 무리가 문 앞을 꽉

메워서 아무도 드나들 수 없었다. 예수께서는 말씀을 가르치고 계셨다. 사람들이 한 중풍병자를 네 사람에게 들려서 예수께 데려왔다. 사람이 많아서 안으로 들어갈 수가 없자, 그들은 지붕을 뜯어 내고 중풍병자를 들것에 달아 내렸다. 그들의 담대한 믿음에 감동하신 예수께서 중풍병자에게 말씀하셨다. "아들아, 내가 네 죄를 용서한다."

6-7 거기 앉아 있던 몇몇 종교 학자들이 자기들끼리 수군거리며 말했다. "저렇게 말하면 안되지! 저것은 신성모독이다! 오직 하나님만이 죄를 용서하실 수 있다."

8-12 예수께서 그들의 생각을 곧바로 아시고 말씀하셨다. "너희는 어찌 그리 의심이 많으냐? 중풍병자에게 '내가 네 죄를 용서한다'고 말하는 것과 '일어나 네 들것을 들고 걸어가라'고 말하는 것 중에 어느 쪽이 더 쉽겠느냐? 내가 인자인 것과, 내가 어느 쪽이든 행할 권한이 있다는 것을 분명히 보여주겠다." (그러고는 중풍병자를 바라보시며 이렇게 말씀하셨다.) "일어나거라. 네 들것을 들고 집으로 가거라." 그 사람은 그 말씀대로 일어나서, 들것을 가지고 모두가 보는 앞에서 걸어 나갔다. 사람들은 도무지 믿기지 않아 자신들의 눈을 비볐다. 그러고 나서 하나님을 찬송하며 말했다. "우리 평생에 이런 일은 처음 본다!"

의사가 필요한 사람이 누구냐

13-14 예수께서 다시 호숫가를 걸으셨다. 무리가 다시 그분께

왔고, 예수께서는 그들을 가르치셨다. 예수께서 거니시다
가, 알패오의 아들 레위가 자기 일터에서 세금을 걷고 있는
것을 보셨다. 예수께서 말씀하셨다. "나와 함께 가자." 그는
따라갔다.

15-16 나중에 예수와 그 제자들이 평판이 좋지 않은 무리와
함께 집에서 저녁을 먹고 있었다. 보기에는 아닐 것 같지만,
그들 가운데 적지 않은 사람들이 이미 그분을 따르고 있었
다. 종교 학자와 바리새인들은 예수께서 그런 무리와 어울
리는 것을 보고, 그분의 제자들에게 따졌다. "쓰레기 같은
인간들과 친하게 지내다니, 이게 무슨 본이 되겠소?"

17 예수께서 들으시고 반박하셨다. "의사가 필요한 사람이
누구냐? 건강한 사람이냐, 병든 사람이냐? 내가 여기 있는
것은 영적으로 건강한 사람을 초청하려는 것이 아니라, 죄
로 병든 사람을 초청하려는 것이다."

잔치인가, 금식인가

18 요한의 제자들과 바리새인의 제자들은 금식하는 습관이
있었다. 몇몇 사람들이 예수께 와서 따졌다. "요한을 따르
는 이들과 바리새인들은 금식 훈련을 하는데, 당신을 따르
는 이들은 왜 그렇게 하지 않습니까?"

19-20 예수께서 말씀하셨다. "즐거운 결혼식 중에는 빵과 포
도주를 아끼지 않고 실컷 먹는다. 나중에 허리띠를 졸라맬
일이 있을지 모르지만, 지금은 아니다. 신랑신부와 함께 있

는 동안에는 즐겁게 보내는 법이다. 정겨운 축하의 모닥불
에 찬물을 끼얹은 사람은 없다. 하나님 나라가 임한다는 것
은 바로 이런 것이다!"

21-22 예수께서 계속해서 말씀하셨다. "멀쩡한 스카프를 잘
라서 낡은 작업복에 대고 깁는 사람은 없다. 서로 어울리는
천을 찾게 마련이다. 그리고 금이 간 병에는 포도주를 담지
않는 법이다."

23-24 어느 안식일에 예수께서 곡식이 무르익은 밭 사이를 걷
고 계셨다. 제자들이 길을 가다가 곡식 이삭을 땄다. 바리새
인들이 그 일로 예수께 말했다. "보십시오, 당신의 제자들
이 안식일 규정을 어기고 있습니다!"

25-28 예수께서 말씀하셨다. "너희는 다윗이 배고플 때에
자기와 함께한 동료들과 한 일을 읽어 보지 못했느냐? 그
가 성소에 들어가 대제사장 아비아달이 보는 앞에서 제단
에서 갓 물려 낸 빵, 곧 제사장들 외에는 아무도 먹지 못
하게 되어 있는 거룩한 빵을 먹고 자기 동료들에게도 주지
않았느냐?" 이어서 예수께서 말씀하셨다. "우리를 위해
안식일이 만들어진 것이지, 안식일을 위해 우리가 만들어
진 것은 아니다. 인자는 안식일의 종이 아니라 주인이다!"

안식일에 선을 행하는 것

3 1-3 예수께서 다시 회당에 들어가시니, 거기에 한쪽
손이 오그라든 사람이 있었다. 바리새인들은 혹시나

안식일 위반으로 예수를 잡을까 하여, 그 사람을 고쳐 주나 보려고 그분을 주시했다. 예수께서 손이 오그라든 사람에게 말씀하셨다. "우리가 잘 볼 수 있도록 여기 서거라."

4 예수께서 이번에는 사람들에게 말씀하셨다. "어떤 행동이 안식일에 가장 합당하냐? 선을 행하는 것이냐, 악을 행하는 것이냐? 사람을 돕는 것이냐, 무력한 상태로 버려두는 것이냐?" 아무도 말이 없었다.

5-6 예수께서는 그들의 비정한 종교에 노하여, 그들의 눈을 하나씩 쳐다보셨다. 그러고는 그 사람에게 말씀하셨다. "네 손을 내밀어라." 그가 손을 내밀자, 그 손이 새 손과 같이 되었다! 바리새인들은 서둘러 그곳을 빠져나가, 어떻게 하면 헤롯의 당원들과 합세하여 그분을 파멸시킬 것인지 흥분하며 이야기했다.

열두 사도

7-10 예수께서 그곳을 피해 제자들과 함께 바닷가로 떠나가셨다. 그러나 갈릴리에서 큰 무리가 따라왔고, 유대와 예루살렘과 이두매와 요단 강 건너편과 두로와 시돈 근방에서도 큰 무리가 따라왔다. 그들은 말로만 전해 듣던 것을 직접 눈으로 보려고 왔다. 예수께서는 무리에게 밟히지 않도록, 제자들에게 배를 준비하게 하셨다. 예수께서 지금까지 많은 사람들을 고쳐 주셨으므로, 온전치 못한 사람은 서로 밀고 당기며 그분께 다가가서 그

분을 만지려고 했다.

¹¹⁻¹² 악한 귀신들이 그분을 알아보고는 엎드려 부르짖었다. "당신은 하나님의 아들입니다!" 그러나 예수께서는 그 말을 받아들이지 않으셨다. 그들의 입을 다물게 하여, 자신의 정체를 사람들에게 알리지 못하게 막으셨다.

¹³⁻¹⁹ 예수께서 산에 올라가셔서 자신이 원하는 사람들을 초청하셨다. 그들이 함께 올라갔다. 예수께서 열두 명을 정하시고, 그들을 사도로 임명하셨다. 그분의 계획은 그들로 자신과 함께 있게 하고, 그들을 보내 말씀을 선포하게 하며, 그들에게 귀신을 쫓아내는 권세를 주시려는 것이었다. 그 열두 명은 다음과 같다.

시몬(나중에 예수께서 그에게 베드로, 곧 '바위'라는 이름을 지어 주셨다)

세베대의 아들 야고보

야고보의 동생 요한(예수께서 세베대의 두 아들에게는 '천둥의 아들'을 뜻하는 보아너게라는 별명을 붙여 주셨다)

안드레

빌립

바돌로매

마태

도마

알패오의 아들 야고보

다대오

가나안 사람 시몬

가룟 유다(그분을 배반한 자다).

성령을 모독하는 죄

20-21 예수께서 집에 오시자, 여느 때처럼 무리가 모여들었다. 예수께 이것저것 해달라고 청하는 사람들이 많아서, 그분은 식사할 겨를조차 없었다. 예수의 친구들이 상황을 듣고서, 필요하다면 억지로라도 그분을 구해 내려고 왔다. 그들은 그분이 제정신을 잃어 가는 것은 아닌지 의심했다.

22-27 예루살렘에서 종교 학자들이 내려와서, 예수가 마술을 부리고 마귀의 속임수를 써서 그 능력으로 사람들의 이목을 끌고 있다는 소문을 퍼뜨렸다. 예수께서 그들의 비방에 이런 이야기로 맞섰다. "마귀를 보내 마귀를 잡고 사탄을 이용해 사탄을 없앤다는 것이 말이 되느냐? 늘 싸움질하는 가정은 무너지게 마련이다. 사탄이 사탄과 싸우고 있으면, 사탄은 이내 남아나지 못할 것이다. 환한 대낮에 시퍼렇게 눈을 뜬 건장한 사내의 집에 들어가서 그 살림을 가지고 달아나려면, 먼저 그 사람을 묶어야 하지 않겠느냐? 그를 묶으면, 집을 깨끗이 털 수 있다.

28-30 잘 들어라. 내가 너희에게 경고한다. 용서받지 못할 말이나 행동은 없다. 그러나 너희가 하나님의 성령을 끝까지 비방하면, 너희를 용서하시는 바로 그분을 물리치는 것이

된다. 그것은 너희 자신이 걸터앉은 나뭇가지를 톱으로 잘라 내는 것이며, 용서하시는 그분과의 모든 관계를 너희 자신의 사악함으로 끊어 버리는 것이다." 예수께서 이렇게 경고하신 것은, 그들이 그분을 악한 자와 한패로 몰았기 때문이다.

순종이 피보다 진하다

31-32 그때에 예수의 어머니와 동생들이 나타났다. 그들은 밖에 서서, 그분과 잠시 할 말이 있다는 전갈을 보냈다. 예수께서 그 전갈을 받을 때에 무리에 둘러싸여 있었다. "선생님의 어머니와 동생들이 밖에서 찾고 있습니다."

33-35 예수께서 대답하셨다. "내 어머니와 형제들이 누구라고 생각하느냐?" 그러고는 둘러앉은 사람들을 일일이 쳐다보며 말씀하셨다. "내 어머니와 형제들이 여기, 바로 너희 앞에 있다. 순종이 피보다 진하다. 하나님의 뜻에 순종하는 사람이 내 형제요 자매요 어머니다."

씨 뿌리는 농부 이야기

4 1-2 예수께서 다시 바닷가에서 가르치셨다. 무리가 인산인해를 이루고 있어서, 예수께서는 해안에서 좀 떨어진 배에 오르셔야 했다. 사람들이 물가로 몰려와서 배를 설교단으로 삼으신 것이다. 예수께서 많은 이야기로 가르치셨다.

3-8 "들어라. 너희는 어떻게 생각하느냐? 어떤 농부가 씨를 뿌렸다. 씨를 뿌리는데, 더러는 길 위에 떨어져서, 새들이 먹어 버렸다. 더러는 자갈밭에 떨어져서, 금세 싹이 났으나 뿌리를 내리지 못해, 해가 뜨자 곧 시들어 버렸다. 더러는 잡초밭에 떨어져서, 싹이 났으나 잡초 틈새에 짓눌려 아무 소득이 없었다. 더러는 좋은 땅에 떨어져서, 무성하게 자라 농부가 생각지도 못한 큰 결실을 맺었다.

9 너희는 듣고 있느냐? 정말로 듣고 있느냐?"

10-12 예수께서 따로 계실 때, 그분 곁에 있던 사람들이 열두 제자와 함께 그 이야기에 대해 물었다. 예수께서 그들에게 말씀하셨다. "너희에게는 하나님 나라를 아는 깨달음이 주어졌다. 너희는 하나님 나라가 어떻게 되어 가는지 안다. 그러나 아직 볼 줄 모르는 사람들에게는 모든 것을 이야기로 풀어 나간다. 마음을 준비시키고, 마음을 열어 깨닫도록 주의를 환기시키려는 것이다. 그들은,

눈을 떴으나 하나도 보지 못하고
귀가 열렸으나 한 마디도 알아듣지 못하며
돌아서지도 않고 용서받기도 거부한다."

13 예수께서 계속해서 말씀하셨다. "이 이야기가 어떻게 되어 가는지 알겠느냐? 내가 하는 모든 이야기는 이렇게 이루어진다.

14-15 농부가 말씀을 뿌린다. 어떤 사람은 딱딱한 길바닥에 떨어진 씨와 같다. 말씀을 듣자마자, 사탄이 그 속에 뿌려진 것을 낚아채 간다.

16-17 또 어떤 사람은 자갈밭에 떨어진 씨와 같다. 그는 처음 말씀을 들을 때는 아주 뜨겁게 반응한다. 하지만 성품의 토양이 얕다 보니, 감정이 식거나 어려움이 닥치면 아무 쓸모없게 되고 만다.

18-19 잡초밭에 떨어진 씨는, 천국 소식을 듣기는 듣지만 해야 할 온갖 일과 갖고 싶은 것에 대한 염려로 짓눌려 있는 사람을 가리킨다. 스트레스에 숨이 막혀서 들은 것조차도 아무 소득이 없다.

20 그러나 좋은 땅에 뿌려진 씨는, 말씀을 듣고 품어서 생각지도 못한 큰 결실을 맺는 사람을 가리킨다."

받는 것보다 주는 것이 더 낫다

21-22 예수께서 계속해서 말씀하셨다. "집에 등잔을 가져와서 통 속이나 침대 밑에 두는 사람이 있느냐? 탁자나 선반 위에 두지 않느냐? 우리는 비밀을 감추어 두지 않고, 오히려 말할 것이다. 숨기지 않고, 오히려 밝히 드러낼 것이다.

23 너희는 듣고 있느냐? 정말로 듣고 있느냐?

24-25 내가 하는 말을 잘 들어라. 세상에서 너희 힘으로 잘될 수 있다는 약삭빠른 충고를 조심하여라. 받는 것보다 주는 것이 더 낫다. 베풂은 베풂을 낳는다. 인색하면 가난해진다."

많은 이야기로 말씀하시다

26-29 예수께서 또 말씀하셨다. "하나님 나라는 어떤 사람이 밭에 씨를 뿌리고는 잊어버린 채 잠자리에 든 것과 같다. 씨는 싹이 터서 자라나는데, 그는 어떻게 된 일인지 모른다. 그의 도움 없이 땅이 다 알아서 한다. 처음에는 푸른 줄기를 내고, 다음에는 꽃봉오리를 내고, 그 다음에는 익은 곡식이다. 곡식이 완전히 영글면 거둔다. 추수할 때가 된 것이다!

30-32 하나님 나라를 어떻게 묘사할 수 있을까? 어떤 이야기가 좋을까? 하나님 나라는 솔씨 하나와 같다. 솔씨는 땅에 떨어질 때 씨로서는 아주 작지만, 일단 심으면 가지가 무성한 큰 나무로 자란다. 독수리들이 그 안에 둥지를 틀 정도다."

33-34 예수께서는 이처럼 많은 이야기로 메시지를 전해 주시면서, 그들의 경험과 성숙도에 맞게 이야기를 들려주셨다. 예수께서 이야기 없이는 말씀하지 않으셨다. 그리고 제자들과 따로 있을 때에 모든 것을 다시 설명해 주셨다. 혼란스러운 것을 정리하시고, 얽힌 것은 풀어 주셨다.

바람과 바다를 잠잠케 하시다

35-38 그날 늦게 예수께서 제자들에게 말씀하셨다. "저편으로 건너가자." 제자들은 그분을 배에 계신 그대로 모시고 갔다. 다른 배들도 따라갔다. 그때에 큰 풍랑이 일어났다. 파도가 배 안으로 들이쳐서, 배가 가라앉으려고 했다. 예수께서는 배 뒤쪽에서 베개를 베고 주무시고 계셨다! 제자들이

그분을 깨우며 말했다. "선생님, 우리가 빠져 죽게 되었는데 아무렇지도 않습니까?"

³⁹⁻⁴⁰ 잠에서 깬 예수께서 바람에게 조용하라고 하시고, 바다에게 "고요하여라! 잠잠하여라!" 하고 말씀하셨다. 바람이 숨을 멎고, 바다는 호수처럼 고요해졌다. 예수께서 제자들을 꾸짖으셨다. "어째서 너희는 이토록 겁이 많으냐? 그렇게도 믿음이 없느냐?"

⁴¹ 그들은 놀라고 두려워서, 어쩔 줄을 몰라했다. "도대체 이분은 누구신가? 바람과 바다도 마음대로 부리시다니!"

거라사의 귀신 들린 사람

5

¹⁻⁵ 그들은 바다 건너편 거라사 사람들의 지방에 이르렀다. 예수께서 배에서 내리시자, 묘지에서 어떤 미친 사람이 그분께 나아왔다. 그는 거기 무덤 사이에서 살았다. 아무도 그를 잡아 둘 수 없었다. 사슬을 채울 수도, 결박할 수도 없었다. 사람들이 여러 번 사슬과 밧줄로 묶었지만, 그때마다 그는 사슬을 부서뜨리고 밧줄을 끊어 버렸다. 아무리 힘센 사람도 그를 꺾을 수 없었다. 그는 밤낮으로 무덤과 산을 어슬렁거리면서, 고함을 지르고 뾰족한 돌로 제 몸을 마구 상하게 했다.

⁶⁻⁸ 그가 멀찍이서 예수를 보고 달려와, 그분 앞에 경배하며 엎드렸다. 그러고는 고함지르며 따졌다. "지극히 높으신 하나님의 아들 예수여, 무슨 일로 내게 간섭합니까? 제발, 나

를 괴롭게 하지 마십시오!"(예수께서 이미 그 악한 귀신에게 "나오너라! 그 사람에게서 나오너라!" 하고 명령하신 뒤였다.)

⁹⁻¹⁰ 예수께서 그에게 물으셨다. "네 이름이 무엇이냐?" 그가 대답했다. "내 이름은 패거리입니다. 난동을 부리는 패거리입니다." 그는 자기를 그 지방에서 내쫓지 말아 달라고 예수께 애원했다.

¹¹⁻¹³ 마침 근처 언덕에서 큰 돼지 떼가 땅을 파헤치며 먹을 것을 찾고 있었다. 귀신들이 예수께 애걸했다. "우리를 돼지에게 보내셔서 그 속에서 살게 해주십시오." 예수께서 그렇게 하라고 말씀하셨다. 그러나 돼지 떼의 형편은 그 사람의 형편보다 더 나빠졌다. 돼지들이 미쳐서 벼랑으로 우르르 몰려가더니, 바다에 빠져 죽은 것이다.

¹⁴⁻¹⁵ 돼지를 치던 사람들이 혼비백산하여 도망쳐서, 시내와 마을에 그 이야기를 전했다. 다들 어찌 된 일인지 보고 싶어 했다. 사람들이 예수께 다가와서 보니, 미친 사람이 단정한 옷차림과 멀쩡한 정신으로 앉아 있었다. 그는 더 이상 걸어다니는 정신병원이 아니었다.

¹⁶⁻¹⁷ 그 일을 처음부터 목격한 사람들이 귀신 들린 사람과 돼지 떼에게 벌어진 일을 그들에게 말해 주었다. 그들은 처음에는 두려워하다가 나중에는 언짢아했다. 돼지들이 익사한 것 때문에 기분이 상했던 것이다. 그들은 예수께 그곳을 떠나 다시는 오지 말라고 당부했다.

¹⁸⁻²⁰ 예수께서 배에 오르실 때에, 귀신한테서 놓인 그 사람

이 자기도 함께 가게 해달라고 간청했으나 그분은 허락하지 않으셨다. 예수께서 말씀하셨다. "네 집, 네 가족한테 가거라. 주께서 무엇을 하셨고, 어떻게 너를 불쌍히 여기셨는지 그들에게 이야기하여라." 그 사람은 돌아가서, 예수께서 자기에게 행하신 일을 '데가볼리'(열 성읍) 근방에 전하기 시작했다. 그는 동네의 화젯거리였다.

손가락 하나만 대어도

21-24 예수께서 배를 타고 건너가시자, 큰 무리가 바닷가에서 그분을 맞이했다. 회당 지도자 가운데 야이로라는 사람이 왔다. 그는 예수를 보고는, 무릎을 꿇고 정신없이 애원했다. "제 사랑하는 딸이 죽음의 문턱에 있습니다. 병이 나아서 살수 있도록, 오셔서 손을 얹어 주십시오." 예수께서 그와 함께 가시는데, 온 무리가 따라가며 그분을 밀고 당겼다.

25-29 십이 년 동안 혈루증으로 고생한 한 여자가 예수의 소문을 들었다. 여자는 많은 의사들에게 치료를 받았으나, 형편없는 치료로 돈만 날리고 상태가 이전보다 더 나빠졌다. 여자는 뒤에서 슬그머니 다가가 예수의 옷을 만졌다. '이분의 옷에 손가락 하나만 대어도 내가 낫겠다'고 생각한 것이다. 여자가 손을 대는 순간에 흐르던 피가 멈추었다. 여자는 변화를 느낄 수 있었고, 자신의 병이 깨끗이 나은 것을 알았다. 30 그 순간, 예수께서 자신에게서 기운이 나간 것을 아시고, 무리에게 돌아서서 물으셨다. "누가 내 옷에 손을 대었느냐?"

³¹ 제자들이 말했다. "무슨 말씀이신지요? 무리가 이렇게 밀고 당기는데 '누가 내게 손을 대었느냐?'고 물으시다니요. 손을 댄 사람이 수십 명은 될 것입니다!"

³²⁻³³ 그러나 예수께서는 누가 그렇게 했는지 보려고 계속 둘러보며 물으셨다. 자기가 한 일을 알고 있던 그 여자는, 두려워 떨며 앞으로 나아갔다. 여자는 그분 앞에 무릎을 꿇고 자초지종을 이야기했다.

³⁴ 예수께서 여자에게 말씀하셨다. "딸아, 너는 믿음의 모험을 했고 이제 온전해졌다. 잘 살아라. 병이 나았으니 복되게 살아라!"

³⁵ 예수께서 아직 말씀하시는 중에, 회당장의 집에서 사람들이 와서 회당장에게 말했다. "따님이 죽었습니다. 선생님을 더 괴롭게 해드릴 일이 있겠습니까?"

³⁶ 예수께서 그들이 하는 말을 들으시고 그 회당장에게 말씀하셨다. "그들의 말을 듣지 말고, 나만 신뢰하여라."

³⁷⁻⁴⁰ 예수께서는 베드로, 야고보, 요한 외에는 아무도 따라오지 못하게 하셨다. 회당장의 집에 들어선 그들은, 이야깃거리를 찾는 입방아꾼들과 음식을 나르는 이웃 사이를 헤치고 지나갔다. 예수께서 불쑥 말씀하셨다. "어째서 이렇게 너도나도 울고불고 말이 많으냐? 이 아이는 죽은 것이 아니라 자고 있다." 사람들은 저가 알지도 못하면서 저런 말을

한다고 비웃었다.

⁴⁰⁻⁴³ 예수께서 그들을 다 내보내신 뒤에, 아이 부모와 자기 동료들만 데리고 아이 방으로 들어가셨다. 예수께서 소녀의 손을 꼭 잡고 말씀하셨다. "달리다 굼." 이는 '소녀야, 일어나라'라는 뜻이다. 그러자 소녀가 일어나서 걸어 다녔다! 소녀의 나이는 열두 살이었다. 그들은 모두 기뻐서 어쩔 줄 몰라했다. 예수께서는 그 방에서 일어난 일을 아무에게도 알리지 말라고 그들에게 엄히 명하셨다. 그리고 "아이에게 먹을 것을 주어라" 하고 말씀하셨다.

고향에서 배척받으시다

6 ¹⁻² 예수께서 그곳을 떠나 자기 고향으로 돌아가셨다. 제자들도 함께 갔다. 안식일에 예수께서 회당에서 설교하셨다. 예수께서는 모든 사람의 감탄을 자아낼 정도로 대단하셨다. 사람들이 말했다. "이 사람이 이렇게 훌륭한 사람인지 미처 몰랐다! 어떻게 이렇게 갑자기 지혜로워지고, 이런 능력을 갖게 되었을까?"

³ 그러나 한편으로 그들은 언제 그랬느냐는 듯이, 어느새 그분을 깎아내리고 있었다. "이 사람은 목수요 마리아의 아들에 불과하다. 우리는 그를 어려서부터 알았다. 그의 동생 야고보와 요셉과 유다와 시몬 그리고 그의 누이들도 우리가 안다. 도대체 그는 자기가 누구라고 저러는 것인가?" 그들은 예수에 대해 조금 아는 것에 걸려 넘어졌던 것이다. 그들

은 거기서 더 이상 나아가지 못했다.

4-6 예수께서 그들에게 말씀하셨다. "예언자는 자기 고향, 자기 친척, 자기가 어려서 놀던 길목에서는 별로 존경을 받지 못하는 법이다." 예수께서는 거기서 많은 일을 행하실 수 없었다. 몇몇 병자들에게 손을 얹어 고쳐 주신 것이 전부였다. 그들의 완고함을 예수께서도 어찌할 수 없었다. 그래서 예수께서는 그곳을 떠나, 다른 마을을 다니시며 가르치셨다.

열두 제자를 파송하시다

7-8 예수께서 열두 제자를 부르셔서, 둘씩 짝을 지어 내보내시며, 그들에게 악한 세력을 물리치는 권세와 능력을 주셨다. 예수께서는 그들을 보내시며 이런 지침을 주셨다.

8-9 "이 일에 별도의 준비가 필요하다고 생각하지 마라. 먼저 너희 자신을 준비하여라. 특별히 돈을 모금할 것도 없다. 간소하게 하여라.

10 고급 여관도 안된다. 적당한 곳을 찾아가 떠날 때까지 그곳으로 만족하여라.

11 사람들이 너희를 맞아들이지 않고 너희 말을 듣지 않거든, 조용히 나오너라. 소란 피울 것 없다. 무시해 버리고 너희의 길을 가면 된다."

12-13 곧 제자들은 길을 나섰다. 그들은 삶이 근본적으로 달라질 수 있음을 기쁜 마음으로 긴박하게 전했다. 가는 곳마다 귀신을 쫓아냈다. 병자들의 몸에 기름을 발라 건강을 되

찾게 해주고, 그들의 심령을 고쳐 주었다.

요한의 죽음

14 예수의 이름이 만인의 입에 오르내리고 있을 그 즈음에, 헤롯 왕도 그 모든 소식을 들었다. 그가 말했다. "죽은 세례 자 요한이 다시 살아난 것이 틀림없다. 그래서 그 사람이 능히 기적을 행하는 것이다!"

15 다른 사람들이 말했다. "아닙니다. 그는 엘리야입니다." 또 다른 사람들이 말했다. "그는 예언자입니다. 옛 예언자 들 가운데 한 사람과 같습니다."

16 그러나 헤롯은 굽히지 않았다. "틀림없이 요한이다. 내가 그의 목을 베었는데, 이제 그가 다시 살아난 것이다."

17-20 헤롯은 자기 동생 빌립의 아내였던 헤로디아의 잔소리 에 못 이겨, 요한의 체포를 명하고, 그에게 사슬을 채워 감 옥에 가두었던 자다. 요한은 헤롯과 헤로디아의 관계가 "불 륜"이라고 말해 헤롯을 자극했다. 헤로디아는 증오에 사무 쳐서 요한을 죽이고 싶었으나, 헤롯이 요한을 두려워하여 감히 그렇게 하지 못했다. 요한이 거룩한 사람이라고 굳게 믿고 있던 헤롯은, 그를 특별 대우했다. 헤롯은 요한의 말을 들을 때마다 양심에 가책을 받아 괴로워하면서도, 그를 멀 리할 수 없었다. 요한에게는 헤롯을 계속 잡아끄는 어떤 힘 이 있었다.

21-22 그러나 끝내 불길한 날이 왔다. 헤롯이 갈릴리의 모든

고관과 귀족들을 초대해 생일잔치를 벌인 날이었다. 헤로디
아의 딸이 연회장에 들어와서 손님들을 위해 춤을 추었다.
헤롯과 손님들은 감탄했다.

22-23 왕이 소녀에게 말했다. "내게 무엇이든 청하거라. 네가
원하는 것이면 무엇이든 주마." 그는 흥분하여 계속했다.
"맹세하는데, 네가 말만 하면 내 나라를 너와 반반씩이라도
나누겠다!"

24 그 딸은 어머니에게 돌아가서 말했다. "무엇을 청할
까요?"

"세례자 요한의 머리를 달라고 하거라."

25 딸은 급히 왕에게 달려가서 말했다. "지금 당장, 세례자
요한의 머리를 쟁반에 담아 주십시오!"

26-29 왕은 한순간 정신이 번쩍 들었다. 그러나 그는 손님들
에게 체면을 잃고 싶지 않아서, 잠자코 소녀의 소원을 들
어주었다. 왕은 사형 집행관을 감옥으로 보내 요한의 머리
를 가져오라고 명했다. 그가 가서 요한의 목을 베어 쟁반
에 담아 와서 소녀에게 주었고, 소녀는 그것을 다시 자기
어머니에게 주었다. 요한의 제자들이 이 일을 듣고 와서,
그 시신을 거두어다가 무덤에 안장했다.

너희가 먹을 것을 주어라

30-31 사도들이 다시 예수께 모여서, 그동안 자기들이 행하
고 가르친 일을 모두 보고했다. 예수께서 말씀하셨다. "따

로 어디 가서 잠깐 쉬도록 하자." 그만큼 오가는 사람들의 발길이 끊이지 않았고, 그들은 음식 먹을 겨를조차 없었다.

32-34 그래서 그들은 배를 타고 따로 한적한 곳으로 떠났다. 그들이 가는 것을 본 사람이 있어서 금세 소문이 퍼졌다. 인근 마을에서 사람들이 도보로 달려와서, 그들보다 먼저 그곳에 도착했다. 예수께서 도착해 큰 무리를 보셨다. 목자 없는 양 같은 그들을 보시니, 그분 마음이 찢어지는 것 같았다. 예수께서는 곧바로 그들을 가르치기 시작하셨다.

35-36 어느새 저녁이 되었다. 시간이 많이 흘렀다고 생각한 제자들이 말씀 사이에 끼어들었다. "여기는 허허벌판이고 시간도 많이 늦었습니다. 이제 기도하시고 사람들을 보내어 저녁이라도 먹게 해야겠습니다."

37 예수께서 말씀하셨다. "너희가 이들의 저녁을 마련하여라." 그들이 대답했다. "진심이십니까? 가서 이들의 저녁거리에 큰돈을 쓰라는 말씀이신지요?"

38 그러나 그분의 말씀은 진심이었다. "너희에게 빵이 몇 개나 있는지 알아보아라."

오래 걸릴 것도 없었다. "다섯 개입니다." 그들이 말했다. "그리고 물고기가 두 마리 있습니다."

39-44 예수께서 그들 모두를 오십 명, 백 명씩 무리 지어 앉게 하셨다. 그 모습이 마치 푸른 초장에 펼쳐진, 들꽃으로 엮은 조각보 이불 같았다! 예수께서 빵 다섯 개와 물고기 두 마리를 손에 들고, 고개 들어 하늘을 우러러 감사기도를 드리시

고 축복하신 다음, 빵을 떼어 제자들에게 주셨고, 제자들은 다시 그것을 사람들에게 나눠 주었다. 예수께서는 물고기를 가지고 똑같이 하셨다. 사람들 모두가 배불리 먹었다. 제자들이 남은 것을 거두니 열두 바구니나 되었다. 저녁을 먹은 사람들이 오천 명이 넘었다.

바다 위를 걸어오시다

45-46 식사가 끝나자, 예수께서 제자들을 재촉하여 배를 타고 먼저 건너편 벳새다로 가게 하시고, 그동안에 무리를 돌려보내셨다. 사람들을 보내신 뒤에, 예수께서는 산에 올라가 기도하셨다.

47-49 밤늦게 배는 이미 바다 멀리까지 나갔는데, 예수께서는 아직 뭍에 혼자 계셨다. 맞바람을 맞아 노를 젓느라 고생하는 제자들의 모습이 보였다. 새벽 네 시쯤에, 예수께서 바다 위를 걸어 그들 쪽으로 가셨다. 예수께서 바로 그들 옆을 지나려고 하셨다. 그러나 제자들은 바다 위를 걸어오시는 예수를 보고서 유령인 줄 알고, 무서워 꼼짝도 못한 채 비명을 질렀다.

50-52 예수께서 얼른 그들을 안심시키셨다. "안심하여라! 나다. 두려워 마라." 예수께서 배에 오르자마자, 바람이 가라앉았다. 제자들은 너무 놀라서, 이게 무슨 일인가 싶어 고개를 저었다. 그들은 예수께서 저녁식사 때 하신 일을 미처 깨닫지 못하고 있었다. 그 무엇도 아직 그들의 마음속까지 파

고들지 못했던 것이다.

53-56 그들은 게네사렛에 배를 댔다. 그들이 배에서 내리자, 순식간에 소문이 퍼졌다. 사람들이 이리저리 내달리며, 들것에 병자들을 메고 예수가 계시는 곳으로 데려왔다. 마을이나 시내나 촌 네거리마다 그분이 가시는 곳이면 어디든지, 사람들이 병자들을 데리고 나와서 그분의 옷자락을 만지게 해달라고 간청했다. 그것이 전부였다. 그분을 만진 사람은 누구나 병이 나았다.

참으로 너희를 더럽히는 것

7 1-4 바리새인들이 예루살렘에서 온 몇몇 종교 학자들과 함께 예수의 주위에 모였다. 그들은 예수의 제자 몇이 식사 전에 씻는 정결예식을 소홀히 하는 것을 보았다. 바리새인을 비롯한 유대인들은 의식상 손 씻는 시늉을 하지 않고는 절대 식사를 하지 않았다. 시장에서 돌아왔을 때에는 특히 더욱 문질러 씻었다(컵과 냄비와 접시를 닦는 것은 말할 것도 없었다).

5 바리새인과 종교 학자들이 물었다. "어째서 당신의 제자들은 규정을 우습게 알고, 손도 씻지 않고 식탁에 앉는 겁니까?"

6-8 예수께서 대답하셨다. "너희 같은 사기꾼들에 대해 이사야가 정곡을 찔러서 말했다.

이 백성이 입바른 말을 거창하게 떠벌리지만,
그들의 마음은 딴 데 있다.
겉으로는 나를 경배하는 듯해도,
진심은 그렇지 않다.
무엇이든 자기네 구미에 맞는 가르침을 위해
내 이름을 팔고 있을 뿐이다.
하나님의 계명은 버린 채
최신 유행을 좇기에 바쁘다."

9-13 예수께서 계속해서 말씀하셨다. "그래, 잘도 하는구나. 너희는 종교의 유행을 따르는 데 거추장스럽지 않도록 하나님의 계명을 저버리고 있다! 모세는 '너희 부모를 공경하라'고 했고 또 '누구든지 부모를 욕하는 사람은 반드시 죽여야 한다'고 했다. 그러나 너희는 부모에게 드려야 할 것이 있어도 부모 대신에 '하나님께 예물로 바쳤습니다' 말하면서, 그 계명을 회피하고 있다. 아버지나 어머니에 대한 의무를 그렇게 모면하고 있는 것이다. 너희는 하나님의 말씀을 지워 버리고 그 자리에 아무것이나 원하는 대로 써 넣는다. 너희는 이 같은 일을 다반사로 한다."

14-15 예수께서 다시 무리를 불러 놓고 말씀하셨다. "잘 듣고 마음에 새겨 두어라. 너희 삶을 더럽히는 것은 너희가 입으로 삼키는 것이 아니라, 너희 입에서 토해 내는 것이다. 그것이야말로 정말 더러운 것이다."

¹⁷ 예수께서 무리와 헤어져 집에 돌아오셨을 때에 제자들이 말했다. "잘 모르겠습니다. 쉽게 말씀해 주십시오."

¹⁸⁻¹⁹ 예수께서 말씀하셨다. "너희가 우둔해지기로 작정이라도 한 것이냐? 너희가 입으로 삼키는 것이 너희를 더럽힐 수 없다는 것을 모르느냐? 그것은 너희 마음으로 들어가지 않고 위로 들어가서 장을 지나 결국 변기의 물과 함께 내려간다." (이것으로 음식에 대한 논란은 무의미해졌다. 예수께서는 모든 음식을 먹어도 좋다고 하신 것이다.)

²⁰⁻²³ 예수께서 계속해서 말씀하셨다. "사람 속에서 나오는 것이 사람을 더럽히는 법이다. 음란, 정욕, 도둑질, 살인, 간음, 탐욕, 부정부패, 속임수, 방탕, 비열한 눈빛, 중상모략, 교만, 미련함. 이 모두가 마음에서 토해 내는 것이다. 너희를 더럽히는 근원은 바로 거기다."

²⁴⁻²⁶ 예수께서 거기에서 두로 지방으로 떠나셨다. 그분은 아무도 못 본 줄 알고 그곳의 한 집에 들어가셨으나, 사람들의 이목을 피할 수 없었다. 예수께서 안에 들기가 무섭게, 고통당하는 딸을 둔 한 여자가 그분이 그곳에 계시다는 말을 듣고 찾아왔다. 여자는 예수의 발 앞에 무릎을 꿇고는 도와 달라고 애원했다. 그 여자는 수로보니게 출신의 그리스 사람이었다. 여자는 예수께 자기 딸을 고쳐 달라고 간청했다.

²⁷ 예수께서 말씀하셨다. "줄을 서서 차례를 기다려라. 자녀

들을 먼저 먹이는 법이다. 그리고 남는 것이 있으면 개들의 차지다."

²⁸ 여자가 말했다. "지당하신 말씀입니다. 주님. 하지만 상 밑의 개들도 자녀들이 흘리는 부스러기는 먹지 않습니까?"

²⁹⁻³⁰ 예수께서 감동하셨다. "네 말이 맞다! 가거라! 네 딸이 더 이상 고통당하지 않게 되었다. 괴롭히던 귀신이 떠나갔다." 여자가 집에 가 보니, 딸이 침대에 편히 누웠고 고통이 아주 사라져 버렸다.

³¹⁻³⁵ 예수께서 다시 두로 지방을 떠나서, 시돈을 지나 갈릴리 호수로 돌아와서 데가볼리 지방으로 건너가셨다. 어떤 사람들이 듣지도 말하지도 못하는 사람을 예수께 데려와, 손을 얹어 고쳐 주시기를 청했다. 예수께서 그 사람을 따로 데리고 저만치 가셔서, 그의 귀에 손가락을 넣고 그의 혀에 침을 묻히셨다. 그러고는 하늘을 우러러 기도하시고 깊이 탄식하며 명하셨다. "에바다! 열려라!" 그러자 그대로 되었다. 그 사람의 귀는 이제 똑똑히 들렸고 말도 분명해졌다. 순식간의 일이었다.

³⁶⁻³⁷ 예수께서 그들에게 입단속을 시켰으나, 그럴수록 그들은 흥분하여 더욱 퍼뜨리고 다녔다. "전부 그분이 하신 일인데, 대단한 일이다. 그분은 듣지 못하는 사람도 듣게 하시고, 말하지 못하는 사람도 말하게 하신다."

사천 명을 배불리 먹이시다

8 ¹⁻³ 그 즈음에 예수께서 배고픈 무리 앞에 다시 서게
되셨다. 예수께서 제자들을 불러 말씀하셨다. "이
무리를 보니 내 마음이 몹시 아프구나. 이들이 사흘이나
나와 함께 있었는데, 이제 먹을 것이 없다. 배고픈 채로 돌
려보내면 가다가 지쳐 쓰러질 것이다. 이 가운데는 멀리
서 온 사람들도 있다."

⁴ 제자들이 대답했다. "저희가 어떻게 하면 좋겠습니까? 여
기 광야에서 어떻게 음식을 살 수 있겠습니까?"

⁵ 예수께서 물으셨다. "너희에게 빵이 얼마나 있느냐?"

"일곱 개입니다." 그들이 말했다.

⁶⁻¹⁰ 그러자 예수께서 무리를 바닥에 앉게 하셨다. 예수께서
감사를 드리신 후에, 빵 일곱 개를 조금씩 떼어 제자들에게
주셨고, 제자들은 그것을 무리에게 나누어 주었다. 마침 거
기에 물고기도 몇 마리 있었다. 또 예수께서 물고기를 가지
고 감사를 드리신 후에, 제자들을 시켜 사람들에게 나누어
주게 하셨다. 사람들은 배불리 먹었다. 남은 것을 거두니 일
곱 자루였다. 식사한 사람이 족히 사천 명이 넘었다. 그때에
야 예수께서 사람들을 집으로 보내셨다. 예수 자신은 제자
들과 함께 곧바로 배로 가서 달마누다로 떠나셨다.

¹¹⁻¹² 그들이 도착하자, 바리새인들이 나와서 예수께 바짝 달
라붙었다. 그러고는 자신을 입증해 보이라고 그분을 괴롭히
며 궁지로 몰아세웠다. 예수께서 노하여 말씀하셨다. "어찌

하여 이 세대는 기적과 같은 증거를 찾아서 난리들이냐? 내가 이것만 분명히 말해 두겠다. 너희는 꿈에도 증거를 받을 생각은 하지 마라."

더럽게 하는 누룩을 주의하여라

13-15 예수께서 그들을 떠나서 다시 배에 올라 건너편으로 향하셨다. 그런데 제자들이 점심 싸 오는 것을 잊어버렸다. 빵한 덩이 외에는 배 안에 빵 부스러기 하나 없었다. 예수께서 경고하셨다. "단단히 조심하여라. 바리새인과 헤롯 당원의 더럽게 하는 누룩을 각별히 주의하여라."

16-19 그러자 제자들은 깜빡 잊고 빵을 가져오지 않은 것을 두고서 서로 책임을 따졌다. 예수께서 들으시고 말씀하셨다. "빵을 잊어버렸다고 이 소란이냐? 내 말뜻을 못 알아듣겠느냐? 그렇게도 모르겠느냐? 내가 빵 다섯 개를 떼어서 오천 명을 먹인 일을 잊었느냐? 남은 것을 너희가 몇 바구니나 거두었느냐?"

그들이 말했다. "열두 바구니입니다."

20 "빵 일곱 개로 사천 명을 먹이고 남은 것은 몇 자루나 되었더냐?"

"일곱 자루입니다."

21 예수께서 말씀하셨다. "아직도 모르겠느냐?"

22-23 그들이 벳새다에 도착했다. 어떤 사람들이 시력을 잃은 한 사람을 예수께 데려와서, 손을 대어 고쳐 주시기를 청했

다. 예수께서 그의 손을 잡고 마을 밖으로 데리고 나가셨다. 그리고 그 사람의 눈에 침을 묻히고 그에게 손을 얹으시며 물으셨다. "무엇이 보이느냐?"

24-26 그가 고개를 들었다. "사람들이 보입니다. 마치 나무가 걸어가는 것 같습니다." 예수께서 그의 눈에 다시 손을 얹으셨다. 그 사람은 이리저리 보더니 시력이 완전히 회복된 것을 알았다. 모든 것이 2.0 시력으로, 밝히 보였던 것이다. 예수께서 그를 곧장 집으로 돌려보내시며 말씀하셨다. "마을로 들어가지 마라."

주님은 메시아이십니다

27 예수와 제자들이 빌립보의 가이사랴 근방에 있는 마을들로 향했다. 걸어가면서, 예수께서 물으셨다. "사람들이 나를 누구라고 하더냐?"

28 그들이 말했다. "세례자 요한이라고 하는 사람들도 있고, 엘리야라고 하는 사람들도 있고, 예언자 가운데 한 사람이라고 하는 사람들도 있습니다."

29 그러자 예수께서 물으셨다. "그러면 너희는 나를 누구라고 말하겠느냐? 내가 누구냐?"

베드로가 대답했다. "주님은 그리스도, 곧 메시아이십니다."

30-32 예수께서는 그것을 비밀로 하되, 아무에게도 입 밖에 내지 말라고 경계하셨다. 그러고는 그들에게 다음 일을 설명하기 시작하셨다. "이제부터 인자는 처참한 고난을 받고,

장로와 대제사장과 종교 학자들에게 재판에서 유죄를 선고
받아 죽임을 당하고, 사흘 후에 다시 살아나야 한다." 예수
께서는 이 말씀을 그들이 놓치지 않도록 쉽고 분명하게 말
씀해 주셨다.

32-33 그러나 베드로가 예수를 붙들고 항의했다. 예수께서는
어떻게 받아들여야 할지 몰라서 머뭇거리고 있는 제자들을
돌아보시고, 베드로를 꾸짖으셨다. "베드로야, 썩 비켜라!
사탄아, 물러가라! 너는 하나님이 어떻게 일하시는지 조금
도 모른다."

34-37 예수께서 제자들과 함께 무리를 옆에 불러 놓고 말씀
하셨다. "누구든지 나와 함께 가려면 내가 가는 길을 따라
야 한다. 결정은 내가 한다. 너희가 하는 것이 아니다. 고
난을 피해 달아나지 말고, 오히려 고난을 끌어안아라. 나
를 따라오너라. 그러면 내가 방법을 일러 주겠다. 자기 스
스로 세우려는 노력에는 아무 희망이 없다. 자기를 희생하
는 것이야말로 너희 자신, 곧 너희의 참된 자아를 구원하
는 길이며, 나의 길이다. 원하는 것을 다 얻고도 참된 자
기 자신을 잃으면 무슨 유익이 있겠느냐? 너희 목숨을 무
엇과 바꾸겠느냐?

38 너희 가운데 누구든지 변덕스럽고 중심 없는 친구들과
사귀면서 나와 너희를 인도하는 내 방식을 부끄러워하면,
인자도 아버지 하나님의 모든 영광에 싸여 거룩한 천사들
을 거느리고 올 때, 그를 더 부끄럽게 여길 줄로 알아라."

9

¹ 예수께서 이렇게 쐐기를 박으셨다. "이것은 믿을 수 없는 훗날의 이야기가 아니다. 여기 서 있는 너희 가운데 그렇게 되는 것을 볼 사람들도 있다. 그들은 하나님 나라가 위엄 있게 임하는 것을 볼 것이다."

영광 가운데 계신 예수

²⁻⁴ 엿새 후에, 그들 가운데 세 사람이 정말 그것을 보았다. 예수께서 베드로와 야고보와 요한을 데리고 높은 산에 올라가셨다. 그리고 그들 눈앞에서 그분의 모습이 완전히 변했다. 그분의 옷은 아무리 표백해도 더 하얘질 수 없을 만큼 반짝반짝 빛났다. 엘리야와 모세가 함께 나타나서, 예수와 깊은 대화를 나누고 있었다.

⁵⁻⁶ 베드로가 끼어들었다. "랍비님, 지금은 중대한 순간입니다! 기념비 셋을 세우는 것이 어떻겠습니까? 하나는 주님을 위해, 하나는 모세를 위해, 하나는 엘리야를 위해서 말입니다." 일행과 마찬가지로, 눈앞의 광경에 놀란 베드로가 무심코 내뱉은 말이었다.

⁷ 바로 그때 빛처럼 환한 구름이 그들을 덮더니, 구름 속 깊은 데서 한 음성이 들려왔다. "이는 내가 사랑으로 구별한 내 아들이다. 그의 말을 들어라."

⁸ 잠시 후에 제자들이 눈을 비비며 주변을 둘러보니, 오직 예수밖에 보이지 않았다.

⁹⁻¹⁰ 산을 내려오면서, 예수께서 그들에게 비밀을 지킬 것을

엄히 명하셨다. "너희가 본 것을 아무에게도 말하지 마라. 그러나 인자가 죽은 자들 가운데서 살아난 뒤에는 말해도 좋다." 그들은 "죽은 자들 가운데서 살아난다"는 것이 도대체 무슨 말인지 몰라 고개를 갸우뚱거렸다.

11 중간에 제자들이 물었다. "종교 학자들은 왜 엘리야가 먼저 와야 한다고 말합니까?"

12-13 예수께서 대답하셨다. "과연 엘리야가 먼저 와서, 인자가 올 때를 위해 모든 것을 준비한다. 사람들이 이 엘리야를 업신여겼고, 사람들이 인자도 똑같이 업신여길 것이다. 인자는 성경에 기록된 대로, 심한 고난과 천대와 멸시를 받을 것이다."

기도가 아니고는 할 수 없다

14-16 그들이 산을 내려와 다른 제자들에게 돌아오니, 주위에 큰 무리가 보이고 종교 학자들이 제자들에게 따져 묻고 있었다. 예수를 보자마자, 무리 가운데 반가운 기운이 일었다. 사람들이 달려와서 그분을 맞이했다. 예수께서 물으셨다. "무슨 일이냐? 왜 이렇게 소란스러우냐?"

17-18 무리 가운데 한 남자가 대답했다. "선생님, 귀신 때문에 말을 못하는 제 아들을 선생님께 데려왔습니다. 귀신이 사로잡을 때마다 아이가 바닥에 거꾸러져, 입에 거품을 물고 이를 갈면서 막대기처럼 굳어집니다. 선생님의 제자들에게 구해 주기를 바라고 말했지만, 그들은 하지 못했습니다."

¹⁹⁻²⁰ 예수께서 말씀하셨다. "하나님을 모르는 이 세대여! 내가 같은 말을 몇 번이나 해야 하느냐? 얼마나 더 참아야 하느냐? 아이를 이리 데려오너라." 그들이 아이를 데려왔다. 귀신이 예수를 보고 아이에게 발작을 일으키게 하니, 아이는 입에 거품을 물고 바닥에서 몸을 뒤틀었다.

²¹⁻²² 예수께서 아이의 아버지에게 물으셨다. "이렇게 된 지 얼마나 되었느냐?"

"어려서부터 그랬습니다. 귀신이 아이를 죽이려고 불 속이나 강물에 던진 것이 몇 번인지 모릅니다. 만일 하실 수 있거든, 무엇이든 해주십시오. 불쌍히 여기셔서 저희를 도와주십시오!"

²³ 예수께서 말씀하셨다. "만일이라니? 믿는 사람에게 만일이란 없다. 모든 것이 가능하다."

²⁴ 그분의 입에서 말이 떨어지기가 무섭게, 아이의 아버지가 부르짖었다. "제가 믿습니다. 의심하지 않도록 도와주십시오!"

²⁵⁻²⁷ 무리가 속속 모여드는 것을 보시고, 예수께서 악한 귀신에게 명령하셨다. "벙어리에 귀머거리 귀신아, 내가 네게 명한다. 아이에게서 나와 다시는 얼씬거리지 마라!" 귀신은 고함을 지르고 마구 몸부림치면서 나갔다. 아이는 송장처럼 핏기가 없어졌다. 그러자 사람들이 "아이가 죽었다"고 말하기 시작했다. 그러나 예수께서 아이의 손을 잡아 일으키시자, 아이가 일어섰다.

²⁸ 집에 돌아온 뒤에, 제자들이 예수를 붙들고 물었다. "왜 저희는 귀신을 쫓아내지 못했습니까?"

²⁹ 예수께서 대답하셨다. "이런 귀신은 기도가 아니고는 쫓아낼 수 없다."

³⁰⁻³² 그들은 거기를 떠나서 갈릴리를 지나갔다. 예수께서는 제자들을 가르치고 싶으셔서, 아무에게도 일행의 행방을 알리지 않으셨다. 예수께서 그들에게 말씀하셨다. "인자는 하나님과 관계하기를 원치 않는 사람들한테 넘겨질 것이다. 그들이 인자를 죽일 것이다. 죽은 지 사흘 후에 인자는 다시 살아날 것이다." 제자들은 무슨 말씀인지 몰랐으나, 묻기도 두려웠다.

하나님 나라에서 가장 큰 사람

³³ 그들이 가버나움으로 갔다. 예수께서 집에 계실 때에 제자들에게 물으셨다. "너희가 길에서 토론하던 것이 무엇이냐?"

³⁴ 불안한 침묵만 흘렀다. 그들은 자기들 가운데서 누가 가장 큰 사람인지를 두고 서로 입씨름을 벌였던 것이다.

³⁵ 예수께서 자리에 앉아 열두 제자에게 말씀하셨다. "너희가 첫자리를 원하느냐? 그렇다면 끝자리로 가거라. 모든 사람의 종이 되어라."

³⁶⁻³⁷ 예수께서 방 한가운데 어린아이 하나를 세우시고, 아이를 품에 안으며 말씀하셨다. "누구든지 이 어린아이들 가운

데 하나를 나처럼 품으면 곧 나를 품는 것이고, 또 나를 훨씬 넘어서서 나를 보내신 하나님을 품는 것이다."

❧

³⁸ 요한이 입을 열었다. "선생님, 어떤 사람이 주님 이름으로 귀신을 쫓아내는 것을 보고 우리가 막았습니다. 그가 우리에게 속한 사람이 아니어서 그렇게 했습니다."

³⁹⁻⁴¹ 예수께서 기뻐하지 않으셨다. "그를 막지 마라. 내 이름으로 선하고 능력 있는 일을 하고서 바로 나를 깎아내릴 사람은 없다. 그가 적이 아니라면, 곧 우리 편이다. 누구든지 내 이름으로 너희에게 물 한 잔만 주어도 그는 우리 편이다. 하나님이 반드시 알아주실 것이다.

⁴² 그러나 너희가 어린아이처럼 순진하게 믿는 이들 중에 하나를 괴롭히고 못살게 굴거나 그들의 믿음을 이용하면, 너희는 곧 후회하게 될 것이다. 차라리 너희 목에 맷돌을 달고 호수 한복판에 뛰어드는 편이 낫다.

⁴³⁻⁴⁸ 네 손이나 발이 하나님께 방해가 되거든, 찍어 내버려라. 손이나 발이 없더라도 살아 있는 것이, 두 손과 두 발을 보란 듯이 가지고서 영원히 불타는 용광로 속에 있는 것보다 낫다. 또 네 눈이 너를 하나님에게서 멀어지게 하거든, 뽑아 내버려라. 한 눈으로 살아 있는 것이, 지옥불 속에서 2.0 시력을 발휘하는 것보다 낫다.

⁴⁹⁻⁵⁰ 머지않아 모든 사람이 제련의 불 속을 지나겠지만, 너

희는 영원한 불꽃으로부터 보호받고 보존될 것이다. 너희는 스스로 보존하는 자가 되어라. 평화를 지키는 자가 되어라."

이혼과 간음

10

1-2 예수께서 거기에서 떠나 요단 강 건너편 유대 지방으로 가셨다. 매번 그러듯이 무리가 따라왔고, 예수께서는 늘 하시던 대로 그들을 가르치셨다. 바리새인들이 예수를 괴롭힐 요량으로 다가와서 물었다. "남자가 아내와 이혼하는 것이 율법에 맞습니까?"

3 예수께서 말씀하셨다. "모세가 뭐라고 명령했느냐?"

4 그들이 대답했다. "모세는 이혼 증서를 써 주고 아내와 이혼해도 된다고 허락했습니다."

5-9 예수께서 말씀하셨다. "모세는 단지 너희의 사악한 마음을 염려해서 그 명령을 기록한 것이다. 처음 창조 때부터 하나님께서는 남자와 여자를 지어 함께 있게 하셨다. 그래서 남자는 부모를 떠나 여자와 결혼하여 한 몸이 된다. 더 이상 둘이 아니라, 새롭게 연합하여 한 몸을 이루는 것이다. 남자와 여자의 이 유기적인 연합은 하나님께서 창조하신 것이다. 그러니 누구도 그들을 갈라놓아서 그분의 작품을 모독해서는 안된다."

10-12 집에 돌아와서, 제자들이 다시 그 이야기를 꺼냈다. 예수께서 그들에게 단도직입적으로 말씀하셨다. "다른 여자

와 결혼하려고 자기 아내와 이혼하는 남자는 아내에게 간음하는 것이다. 또한 다른 남자와 결혼하려고 자기 남편과 이혼하는 여자도 남편에게 간음하는 것이다."

13-16 사람들이 예수께서 만져 주시기를 바라며, 그분께 아이들을 데려왔다. 하지만 제자들이 그들을 쫓아냈다. 예수께서 노하시며 제자들에게 말씀하셨다. "이 아이들을 쫓아내지 마라. 절대로 아이들과 나 사이에 끼어서 방해하지 마라. 천국의 삶에는 이 아이들이 중심에 있다. 명심하여라. 너희가 하나님 나라를 아이처럼 단순하게 받아들이지 않으면, 절대로 그 나라에 들어갈 수 없다." 그러고 나서 예수께서 아이들을 품에 안으시고, 손을 얹어 축복하셨다.

부자와 하나님 나라

17 예수께서 길을 나서는데, 한 사람이 달려와서 정중하게 그분을 맞으며 물었다. "선하신 선생님, 제가 무엇을 해야 영원한 생명을 얻겠습니까?"

18-19 예수께서 말씀하셨다. "어째서 나를 선하다고 하느냐? 오직 하나님 한분 외에는 선하신 분이 없다. 계명에 '살인하지 마라, 간음하지 마라, 도둑질하지 마라, 거짓말하지 마라, 속이지 마라, 네 부모를 공경하라' 하지 않았더냐."

20 그가 말했다. "선생님, 그 계명들은 제가 어려서부터 다

지켰습니다!"

21 예수께서 그의 눈을 주목하여 보시더니, 그를 사랑스럽게 여기셨다! 예수께서 말씀하셨다. "하나 남은 것이 있다. 가서 네가 가진 것을 다 팔아서 가난한 사람들에게 주어라. 그러면 네 모든 부가 하늘에 쌓아 두는 부가 될 것이다. 그런 다음 와서 나를 따라라."

22 그 사람의 얼굴이 어두워졌다. 그가 전혀 예상치 못했던 말이어서, 그는 무거운 마음으로 예수를 떠나갔다. 그는 많은 것을 움켜쥐고 있었고, 그것을 놓을 마음이 없었다.

23-25 예수께서 제자들을 보며 말씀하셨다. "많이 가진 사람이 하나님 나라에 들어가는 것이 얼마나 어려운지 아느냐?" 제자들은 들으면서도 그 말이 믿어지지 않았다. 예수께서 계속해서 말씀하셨다. "얼마나 어려운지 너희는 상상도 못할 것이다. 내가 말하는데, 부자가 하나님 나라에 들어가는 것보다, 낙타가 바늘귀로 지나가는 것이 더 쉽다."

26 그 말에 제자들이 크게 당황했다. "그러면 어느 누가 가망이 있겠습니까?" 그들이 물었다.

27 예수께서 잘라 말씀하셨다. "너희 힘으로 해낼 수 있다고 생각하면 전혀 가망이 없다. 그러나 하나님께 맡기면 얼마든지 가능한 일이다."

28 베드로가 다른 시각에서 이야기를 꺼냈다. "우리는 모든 것을 버리고 주님을 따랐습니다."

29-31 예수께서 말씀하셨다. "내 말을 명심하여라. 나와 **메시**

지 때문에 집과 형제자매와 부모와 자식과 땅과 그 어떤 것을 희생하고서 손해 볼 사람은 아무도 없다. 그들은 그 모두를 받되, 여러 배로 돌려받을 것이다. 다만, 어려움도 함께 받을 것이다. 영원한 생명도 덤으로 받을 것이다! 다시 한번 말한다. 이것은 위대한 반전이다. 먼저였으나 나중 되고, 나중이었으나 먼저 될 사람이 많을 것이다."

32-34 다시 그들은 예루살렘으로 향했다. 예수께서 앞장서셨고, 제자들은 적잖이 당황스럽고 두려운 마음으로 그분을 따르고 있었다. 예수께서 열두 제자를 데려다가 이후에 있을 일을 되풀이해서 말씀하셨다. "내 말을 잘 들어라. 우리는 지금 예루살렘으로 올라가는 길이다. 그곳에 가면, 인자는 종교 지도자와 학자들에게 넘겨질 것이다. 그들은 인자에게 사형을 선고할 것이다. 그리고 인자를 로마 사람들에게 넘겨주어, 조롱하고 침 뱉고 고문하고 죽일 것이다. 그러나 사흘 후에 인자는 다시 살아날 것이다."

인자는 섬기러 왔다

35 세베대의 두 아들인 야고보와 요한이 예수께 다가왔다. "선생님, 우리에게 꼭 해주셨으면 하는 일이 있습니다."
36 "무엇이냐? 내가 할 만한 일인지 보자."
37 그들이 말했다. "주님께서 영광을 받으실 때 우리에게도 최고 영광의 자리를 주셔서, 하나는 주님 오른편에, 하나는 주님 왼편에 있게 해주십시오."

³⁸ 예수께서 말씀하셨다. "너희는 너희가 무엇을 구하는지 모른다. 너희는 내가 마시는 잔을 마시고 내가 받을 세례를 받을 수 있겠느냐?"

³⁹⁻⁴⁰ 그들이 말했다. "물론입니다. 왜 못하겠습니까?"

예수께서 말씀하셨다. "생각해 보니, 너희는 과연 내가 마시는 잔을 마시고, 내가 받을 세례를 받을 것이다. 그러나 영광의 자리를 주는 것은, 내 소관이 아니다. 그것과 관련해서는 다른 조치가 있을 것이다."

⁴¹⁻⁴⁵ 다른 열 제자가 이 대화를 듣고, 야고보와 요한에게 분통을 터뜨렸다. 예수께서 그들을 불러 놓고 바로잡아 주셨다. "하나님을 모르는 통치자들이 얼마나 위세를 부리는지, 사람들이 작은 권력이라도 얻으면 거기에 얼마나 빨리 취하는지 너희는 보았다. 너희는 그래서는 안된다. 누구든지 크고자 하면 섬기는 사람이 되어야 한다. 너희 가운데 누구든지 첫째가 되고자 하면, 먼저 종이 되어야 한다. 인자가 한 일이 바로 그것이다. 인자는 섬김을 받으러 온 것이 아니라, 섬기러 왔다. 포로로 사로잡힌 많은 사람들을 살리기 위해 자기 목숨을 내어주려고 왔다."

❧

⁴⁶⁻⁴⁸ 그들은 여리고에서 얼마 동안 머물렀다. 제자들과 사람들의 행렬이 뒤따르고 예수께서 그곳을 떠나시려는데, 디매오의 아들인 바디매오라는 눈먼 거지가 길가에 앉아 있었

다. 그는 나사렛 예수가 지나간다는 말을 듣고는, 소리치기
시작했다. "다윗의 자손이신 예수여! 불쌍히 여겨 주십시
오. 저를 불쌍히 여겨 주십시오!" 많은 사람들이 그를 조용
히 시키려고 했으나, 그는 더 크게 소리쳤다. "다윗의 자손
이여! 불쌍히 여겨 주십시오. 저를 불쌍히 여겨 주십시오!"
49-50 예수께서 가던 길을 멈추셨다. "그를 불러 오너라."
그들이 그를 불렀다. "오늘 운이 좋은 줄 알아라! 일어나거
라! 예수께서 너를 부르신다!" 그는 겉옷을 버려두고 즉시
일어나서 예수께 갔다.

51 예수께서 말씀하셨다. "내가 어떻게 해주면 좋겠느냐?"
눈먼 사내가 말했다. "랍비님, 보기 원합니다."

52 "가거라." 예수께서 말씀하셨다. "네 믿음이 너를 구원했
고 낫게 했다."

바로 그 순간에, 그는 시력을 되찾았고 그 길로 예수를 따
랐다.

예루살렘 입성

11 1-3 일행이 예루살렘 가까이 와서 올리브 산 벳바
게와 베다니에 이르렀을 때, 예수께서 두 제자를
보내시며 지시하셨다. "맞은편 마을로 가거라. 들어가서 보
면, 아직 아무도 타 보지 않은 나귀 새끼가 줄에 매여 있을
것이다. 줄을 풀어서 끌고 오너라. '왜 그러시오?' 하고 누가
묻거든, '주님께서 필요로 하십니다. 곧 돌려보내겠습니다'

하고 말하여라."

4-7 그들은 가서 길모퉁이 문간에 매여 있는 나귀를 보고는 묶어 놓은 줄을 풀었다. 거기 서 있던 사람들 중 몇 사람이 말했다. "그 나귀 새끼의 줄은 왜 푸는 것이오?" 제자들이 예수께서 지시하신 대로 대답하자, 그들은 간섭하지 않았다. 제자들이 나귀 새끼를 예수께로 끌고 와서 그 위에 겉옷을 펴자, 예수께서 올라타셨다.

8-10 사람들이 예수를 열렬히 환영했다. 길 위에 자기 겉옷을 펴는 사람도 있었고, 들에서 베어 온 풀을 까는 사람도 있었다. 그들은 앞에서 걷고 뒤에서 따르며 소리쳤다.

　호산나!
　복되다, 하나님의 이름으로 오시는 이여!
　복되다, 장차 올 우리 조상 다윗의 나라여!
　하늘 가장 높은 곳에서, 호산나!

11 예수께서 예루살렘에 이르러, 곧 성전에 들어가셨다. 예수께서는 성전을 둘러보시며, 모든 것을 마음에 두셨다. 그러나 이미 시간이 늦어, 열두 제자와 함께 베다니로 돌아가셨다.

저주받은 무화과나무

12-14 이튿날 그들이 베다니를 나설 때에 예수께서 배가 고프

셨다. 그분은 저만치 떨어진 곳에 있는 잎이 무성한 무화과나무 한 그루를 보셨다. 예수께서 혹시 아침 끼니가 될 만한 것이 있을까 하여 다가가셨지만, 무화과 잎사귀밖에 없었다. (아직 무화과 철이 아니었다.) 예수께서 나무에게 말씀하셨다. "다시는 아무도 네게서 열매를 먹지 못할 것이다!" 제자들도 그 말을 들었다.

15-17 그들이 예루살렘에 도착했다. 예수께서 즉시 성전에 들어가셔서, 거기에 상점을 차려 놓고 사고파는 사람들을 모두 쫓아내셨다. 환전상들의 가판대와 비둘기 상인들의 진열대도 뒤엎으셨다. 예수께서는 아무도 바구니를 들고 성전 안을 지나다니지 못하게 하셨다. 그러고 나서 다음 말씀을 인용해, 그들을 가르치셨다.

내 집은 만민을 위한 기도하는 집이라고 일컬어졌다.
그런데 너희는 그곳을 도둑의 소굴로 바꾸어 놓았다.

18 대제사장과 종교 학자들이 이 말을 듣고서 그분을 제거할 방도를 모의했다. 그들은 온 무리가 그분의 가르침에 푹 빠져 있는 것을 보고 당황했다.

19 저녁때에 예수와 제자들이 도성을 나섰다.

20-21 아침에 그들이 길을 가다 보니, 무화과나무가 마른 막대기처럼 말라붙어 있었다. 베드로가 그 전날 있었던 일이 생각나서 예수께 말했다. "랍비님, 보십시오. 주님이 저주

하신 무화과나무가 말라 비틀어졌습니다!"

22-25 예수께서 차분히 말씀하셨다. "하나님의 생명을 품어라. 정말로 품어라. 그러면 너희가 감당할 수 없을 만큼 힘든 일은 하나도 없을 것이다. 예컨대, 얼버무리거나 망설일 것 없이 이 산더러 '가서 호수에 뛰어들어라' 하고 말하면, 그대로 이루어질 것이다. 그래서 내가 너희더러 작은 일부터 큰 일까지, 모든 일에 기도하라고 강권하는 것이다. 하나님의 생명을 품을 때에, 너희는 거기에 모든 것을 포함시켜라. 그러면 너희는 하나님의 것을 다 받을 것이다. 그리고 기도할 때는 구하는 것이 전부가 아님을 기억하여라. 누구에게 서운한 것이 있거든 용서하여라. 그때에야 하늘에 계신 너희 아버지께서도 너희 죄를 깨끗이 용서할 마음이 드실 것이다."

누구에게서 온 권한인가

27-28 그 후에 그들이 다시 예루살렘에 들어가서 성전 안을 걷고 있는데, 대제사장과 종교 학자와 지도자들이 다가와서 따졌다. "당신의 신임장을 보여주시오. 누구의 권한으로 이렇게 말하고 행동하는 겁니까?"

29-30 예수께서 대답하셨다. "먼저 한 가지 묻겠다. 내 물음에 답하면 나도 내 신임장을 보여주겠다. 요한의 세례에 관한 것인데, 그것이 누구에게서 온 권한이냐? 하늘이냐, 사람이냐? 말해 보아라."

31-33 그들은 자기들이 궁지에 몰린 것을 알아차리고는, 뒤로 물러나와 모여서 수군거렸다. "하늘이라고 하면 왜 요한을 믿지 않았느냐고 물을 것이고, 사람이라고 하면 온 백성이 요한을 예언자로 떠받드니 우리가 백성 앞에서 몹시 난처해진다." 그들은 이번은 예수께 양보하기로 했다. "우리는 모르오." 그들이 말했다.

예수께서 대답하셨다. "그렇다면 나도 너희 물음에 대답하지 않겠다."

욕심 가득한 소작농들 이야기

12
1-2 예수께서 그들에게 여러 이야기를 들려주기 시작하셨다. "어떤 사람이 포도원을 세웠다. 그는 포도원에 울타리를 치고 포도즙 짜는 틀을 파고 망대를 세운 다음에, 소작농들에게 맡기고 먼 길을 떠났다. 수확할 때가 되자, 그는 수익을 거두려고 소작농들에게 종 한 사람을 보냈다.

3-5 소작농들은 그를 잡아서 마구 때려 빈손으로 돌려보냈다. 주인이 다른 종을 보내자, 그들은 그를 골탕 먹이고 모욕을 주었다. 주인이 또 다른 종을 보내자, 그들은 그를 죽여 버렸다. 주인은 계속해서 많은 종들을 보냈으나, 소작농들은 그들을 때리기도 하고 죽이기도 했다.

6 결국은 한 사람밖에 남지 않았다. 사랑하는 아들이었다. 포도원 주인은 최후 방책으로 아들을 보내며, '저들이 내 아

들만큼은 존중하겠지' 하고 생각했다.

7-8 그러나 소작농들은 오히려 이것을 기회로 삼았다. 그들은 욕심이 가득하여 두 손을 비비며 말했다. '이 자는 상속자다! 그를 죽이고 우리가 재산을 다 차지하자.' 그들은 그 아들을 잡아 죽여서 울타리 밖으로 내던졌다.

9-11 너희 생각에는 포도원 주인이 어떻게 할 것 같으냐? 맞다. 그가 와서 그들을 다 없애 버릴 것이다. 그리고 포도원 관리는 다른 사람들에게 맡길 것이다. 너희가 성경을 직접 읽어 보아라.

> 석공들이 내버린 돌이
> 이제 모퉁잇돌이 되었다!
> 이것은 하나님께서 행하신 일,
> 눈을 씻고 보아도 신기할 따름이다!"

12 대제사장과 종교 학자와 지도자들은 당장 예수를 잡고 싶었으나, 여론이 두려워 참았다. 그들은 그 이야기가 자기들을 두고 한 것임을 알았다. 그들은 서둘러 그 자리를 떠났다.

황제의 것, 하나님의 것

13-14 그들은 예수를 그들의 올무에 걸리게 하려고 바리새인과 헤롯의 당원 몇을 그분께 보냈다. 뭔가 책잡힐 만한 발언을 하게 해서 그분을 잡을 심산이었다. 그들이 다가와서 말

했다. "선생님, 우리가 알기로 당신은 진실하고, 여론에 개의
치 않으며, 배우는 사람들의 비위를 맞추지 않고, 하나님의
도를 정확히 가르칩니다. 그러니 우리한테 말해 주십시오.
황제에게 세금을 내는 것이 법에 맞습니까, 맞지 않습니까?"
15-16 예수께서 그 질문이 계략임을 아시고 말씀하셨다. "왜
나를 속이려고 드느냐? 동전을 가져다가 내게 보여라." 그
들이 예수께 동전을 건넸다.

"여기 새겨진 얼굴이 누구 얼굴이냐? 그리고 이 위에 있는
것이 누구 이름이냐?"

그들이 말했다. "황제입니다."

17 예수께서 말씀하셨다. "황제의 것은 황제에게 주고, 하나
님의 것은 하나님께 드려라."

그들은 말문이 막혀 입이 떡 벌어졌다.

부활에 관한 가르침

18-23 부활의 가능성을 일절 부인하는 사두개파 사람 몇이 예
수께 다가와서 물었다. "선생님, 모세는 기록하기를, 남자
가 자식 없이 아내를 두고 죽으면 그 동생이 형수와 결혼해
서 자식을 낳아 줄 의무가 있다고 했습니다. 한번은 일곱 형
제가 있었습니다. 맏이가 결혼했는데, 자식 없이 죽었습니
다. 둘째가 형수와 결혼했으나, 역시 자식 없이 죽었습니다.
셋째도 그러했습니다. 일곱 형제가 다 차례대로 그렇게 했
으나, 자식이 없었습니다. 마지막에는 여자도 죽었습니다.

일곱 형제가 모두 그 여자의 남편이었습니다. 그들이 부활 때에 다시 살아나면, 그 여자는 누구의 아내가 됩니까?"

24-27 예수께서 말씀하셨다. "너희는 크게 잘못 생각하고 있다. 첫째로, 너희는 성경을 모른다. 둘째로, 너희는 하나님 께서 일하시는 방식을 모른다. 죽은 사람이 살아난 뒤에는 결혼할 일이 없다. 그때 사람들은 천사들처럼 되어서, 하나 님과 최고의 기쁨과 친밀감을 나눌 것이다. 그리고 죽은 사 람이 다시 살아나는지에 대해서인데, 너희는 성경도 읽지 않느냐? 하나님께서는 떨기나무에서 모세에게 '나는 아브 라함의 하나님, 이삭의 하나님, 야곱의 하나님이다'라고 말 씀하셨다. '이었다'라고 말씀하지 않으셨다. 살아 계신 하나 님은 죽은 자의 하나님이 아니라, 산 자의 하나님이시다. 너 희가 몰라도 한참 모르고 있다."

가장 중요한 계명

28 종교 학자 한 사람이 다가왔다. 그는 질문과 대답이 열띠 게 오가는 것을 듣고, 또 예수께서 예리하게 답하시는 것을 보고 이렇게 질문했다. "모든 계명 가운데서 가장 중요한 계 명이 무엇입니까?"

29-31 예수께서 말씀하셨다. "가장 중요한 계명은 이것이다. '이스라엘아, 들어라. 주 너의 하나님은 한분이시니, 네 열 정과 간구와 지성과 힘을 다해 주 너의 하나님을 사랑하라.' 둘째는 이것이다. '네 자신을 사랑하는 것같이 다른 사람을

사랑하라.' 이것에 견줄 만한 다른 계명은 없다."

32-33 종교 학자가 말했다. "선생님, 훌륭한 답입니다! 하나님은 한분이시고 다른 이가 없다는 말씀은 아주 명쾌하고 정확합니다. 그리고 열정과 지성과 힘을 다해 그분을 사랑하는 것과, 자기 자신을 사랑하는 것같이 다른 사람을 사랑하는 것은, 모든 제물과 희생을 다 합한 것보다도 낫습니다!"

34 예수께서 그의 남다른 통찰력을 보고 말씀하셨다. "네가 하나님 나라 문턱에까지 와 있다."

그 후로는 아무도 그분께 묻는 사람이 없었다.

35-37 예수께서 성전에서 가르치시던 중에 물으셨다. "어째서 종교 학자들은 메시아가 다윗의 자손이라고 하느냐? 우리가 다 아는 것처럼, 다윗은 성령의 감동을 받아 이렇게 말했다.

> 하나님께서 내 주님께 말씀하셨다.
> "내가 네 원수들을 네 발아래에 둘 때까지
> 너는 여기 내 오른편에 앉아 있어라."

다윗이 여기서 메시아를 '내 주님'이라고 부르는데, 메시아가 어떻게 다윗의 '자손'이 될 수 있느냐?"

큰 무리가 즐거이 그 말씀을 들었다.

38-40 예수께서 계속 가르치셨다. "종교 학자들을 조심하여
라. 그들은 가운을 입고 다니며, 사람들의 치켜세우는 말
에 우쭐하고, 중요한 자리를 차지하면서 교회의 모든 행사
에서 상석에 앉기를 좋아한다. 언제나 그들은 연약하고 무
력한 사람들을 착취한다. 그들의 기도가 길어질수록, 그들
의 상태는 더 나빠진다. 마지막에 그들은 그 값을 치르게 될
것이다."

41-44 예수께서 헌금함 맞은편에 앉으셔서, 사람들이 헌금함
에 돈 넣는 것을 보고 계셨다. 많은 부자들이 큰돈을 바치고
있었다. 그때 한 가난한 과부가 다가와서 작은 동전 두 개를
넣었다. 겨우 동전 두 개였다. 예수께서 제자들을 불러 놓고
말씀하셨다. "과연, 이 가난한 과부가 헌금함에 넣은 것이
다른 사람들이 넣은 것을 다 합한 것보다 크다. 다른 사람들
은 아깝지 않을 만큼 헌금했지만, 이 여자는 자기 형편보다
넘치도록 드렸다. 자신의 전부를 드린 것이다."

사이비 종말론자들

13
¹ 예수께서 성전을 떠나시는데, 제자 가운데 한
사람이 말했다. "선생님, 저 석조물과 건물들을
보십시오!"

² 예수께서 말씀하셨다. "네가 이 웅장한 건축물에 감동하
느냐? 저 건물의 돌 하나하나가, 결국 잔해 더미가 되고 말
것이다."

3-4 이후에 예수께서 성전이 한눈에 내려다보이는 올리브 산
에 앉으셨을 때, 베드로와 야고보와 요한과 안드레가 그분
께 따로 다가와 물었다. "말씀해 주십시오. 그런 일이 언제
일어나겠습니까? 때가 막바지에 이를 때에 우리에게 어떤
징조가 있겠습니까?"

5-8 예수께서 입을 여셨다. "사이비 종말론자들을 조심하여
라. 많은 지도자들이 정체를 숨기고 나타나서, '내가 그다'라
고 주장할 것이다. 그들이 많은 사람들을 현혹할 것이다. 전
쟁 소식을 듣거나 전쟁이 일어나리라는 소문을 듣거든, 당
황하지 말고 침착하여라. 그것은 역사에 늘 반복되는 일일
뿐, 아직 종말의 징조는 아니다. 나라와 나라가 싸우고 통치
자와 통치자가 싸우는 일이 계속될 것이다. 곳곳마다 지진
이 있을 것이다. 기근도 있을 것이다. 그러나 이것은 앞으로
닥칠 일에 비하면 아무것도 아니다.

9-10 또 조심하여라! 사람들이 너희를 법정으로 끌고 갈 것이
다. 세상이 살벌해져서, 내 이름을 전한다는 이유로, 모두
가 너희를 물고 뜯을 것이다. 너희는 진리의 파수병으로 그
자리에 있는 것이다. **메시지가 온 세상에 두루 전파되어야**
한다.

11 그들이 너희를 배반하여 법정으로 데려가거든, 너희는 무
슨 말을 할지 염려하지 마라. 그때가 오거든, 너희 심중에
있는 것을 말하여라. 성령께서 너희 안에서 너희를 통해 친
히 증거하실 것이다.

12-13 형제가 형제를 죽이고, 아버지가 자녀를 죽이고, 자녀가 부모를 죽일 것이다. 나 때문에 너희를 미워할 사람이 누구인지 아무도 모른다.

그대로 견뎌라. 그것이 너희가 해야 할 일이다. 끝까지 견뎌라. 그러면 너희는 절대 후회하지 않을 것이고, 결국 구원을 얻을 것이다."

큰 환난의 날

14-18 "그러나 거룩한 것을 더럽히는 괴물이 절대 있어서는 안될 곳에 세워진 것을 보거든, 얼른 달아나거라. 너희 읽을 수 있는 사람들은 내 말이 무슨 말인지 깨달아라. 그때에 너희가 유대에 살고 있거든, 산으로 달아나거라. 마당에서 일하고 있거든, 무엇을 가지러 집으로 돌아가지 마라. 밭에 나가 있거든, 겉옷을 가지러 돌아가지 마라. 특히 임신부와 젖먹이는 어머니들이 힘들 것이다. 이 일이 한겨울에 일어나지 않기를 바라고 기도하여라.

19-20 그때는 괴로운 날이 될 것이다. 하나님께서 세상을 지으신 때로부터 지금까지 이런 일이 없었고, 앞으로도 다시는 없을 것이다. 하나님께서 이 환난의 날들을 갈 데까지 가게 두신다면, 아무도 견딜 수 없을 것이다. 그러나 하나님의 택하신 백성, 그분께서 친히 택하신 이들을 위해 그분은 이미 손을 써 놓으셨다."

그날과 그때는 아무도 모른다

21-23 "누가 너희를 막아서서 '메시아가 여기 있다!' 소리치거나 '저기 그분이 있다!' 가리켜도 속지 마라. 가짜 메시아와 거짓 설교자들이 곳곳에서 출현할 것이다. 그들은 대단한 이력과 현란한 업적으로, 알 만한 사람들의 눈까지 속일 것이다. 그러니 조심하여라. 내가 너희에게 충분히 경고했다. 24-25 그 괴로운 시간들이 지나면,

해는 어두워지고
달은 흐려지고
별들은 하늘에서 떨어지고
우주의 세력들은 떨 것이다.

26-27 그때에야 사람들은 인자가 위엄 있게 오는 것을 볼 것이다. 인자가 오는 것이 온 하늘에 가득하여, 보지 못할 사람이 아무도 없을 것이다! 인자가 천사들을 보내어, 택하신 사람들을 이 끝에서 저 끝까지 사방에서 불러들일 것이다. 28-31 무화과나무에서 교훈을 얻어라. 싹이 나서 초록빛이 살짝만 내비쳐도, 너희는 여름이 가까이 다가온 줄 안다. 너희도 마찬가지다. 이 모든 일을 보거든 인자가 문 앞에 온 줄 알아라. 이것은 가볍게 여길 일이 아니다. 내가 지금 하는 말은, 어느 훗날의 세대에게만 주는 말이 아니라 이 세대에게도 주는 말이다. 이 일들은 반드시 이루어진다. 하늘과 땅

은 닳아 없어져도, 내 말은 닳아 없어지지 않을 것이다.

32-37 그렇다면 정확한 날짜와 시간은 언제인가? 그것은 아무도 모른다. 하늘의 천사들도 모르고, 아들인 나도 모른다. 오직 아버지만 아신다. 너희는 시간표를 모르니 각별히 조심하여라. 이것은 마치 어떤 사람이 집을 떠나 다른 지방으로 가면서, 종들에게 권한을 주어 각각 임무를 맡기고, 문지기에게 보초를 서라고 명하는 것과 같다. 그러니 깨어서 너희 자리를 지켜라. 집주인이 언제 돌아올지, 저녁일지 한밤중일지, 새벽일지 아침일지 너희는 모른다. 그가 예고 없이 나타날 때에, 너희가 근무중에 잠자는 일이 없게 하여라. 내가 너희에게 말하고 또 모든 사람에게 말한다. 너희 자리를 지켜라. 깨어 있어라."

값비싼 향유를 부은 여인

14 1-2 여드레 동안의 유월절과 무교절이 시작되기 이틀 전이었다. 대제사장과 종교 학자들은 예수를 몰래 잡아 죽일 방도를 찾고 있었다. 그들은 "괜히 군중의 소요가 일어나는 것은 싫다"고 말하면서, 유월절 기간에는 그 일을 하지 않기로 뜻을 모았다.

3-5 예수께서 나병환자 시몬의 손님으로 베다니에 계셨다. 예수께서 저녁을 들고 있는데, 어떤 여자가 아주 값비싼 향유 한 병을 가지고 다가왔다. 여자는 병을 따서 향유를 그분의 머리에 부었다. 몇몇 손님들이 발끈해서 자기들끼리 말

했다. "저렇게 한심한 일을 하다니! 완전히 낭비다! 이 향유를 일 년치 임금보다 더 많이 받고 팔아서 가난한 사람들에게 줄 수도 있었을 텐데." 그들은 화가 치밀어서 당장이라도 여자에게 분통을 터뜨릴 태세였다.

6-9 그러나 예수께서 말씀하셨다. "가만두어라. 너희는 어째서 이 여자를 괴롭게 하느냐? 이 여자는 지금 나한테 말할 수 없이 소중한 일을 한 것이다. 가난한 사람들은 평생 동안 너희와 함께 있을 것이다. 너희는 언제라도 마음 내키면 그들에게 뭔가 해줄 수 있다. 그러나 내게는 그렇지 않다. 이 여자는 기회 있을 때에 자기가 할 수 있는 일을 한 것이다. 내 몸에 미리 기름을 부어 내 장례를 준비한 것이다. 내가 분명히 말한다. 온 세상에 **메시지**가 전파되는 곳마다, 지금 이 여자가 한 일도 알려져 칭송받을 것이다."

10-11 열두 제자 가운데 하나인 가룟 유다가 예수를 배반할 작정으로 대제사장 무리에게 갔다. 그들은 자기들의 귀를 의심했고, 그에게 두둑한 보상을 약속했다. 그때부터 유다는 예수를 넘겨줄 적당한 기회를 노렸다.

인자를 배반할 자

12 무교절 첫날, 곧 유월절 희생을 준비하는 날에 제자들이 예수께 물었다. "우리가 어디로 가서 주님이 드실 유월절 식사를 준비하면 좋겠습니까?"

13-15 예수께서 제자 두 사람에게 지시하셨다. "시내로 들어

가거라. 그러면 물 한 동이를 지고 가는 사람을 만날 것이다. 그를 따라가거라. 그가 어느 집으로 들어가든지 그 집 주인에게 '선생님께서, 제자들과 함께 유월절 식사를 할 방이 어디 있느냐고 물어보십니다' 하고 말하여라. 그가 너희에게 이미 청소를 마친 넓은 다락방을 보여줄 것이다. 거기서 우리를 위해 식사를 준비하여라."

¹⁶ 제자들이 떠나 시내에 가 보니, 모든 것이 예수께서 말씀하신 그대로였다. 그들은 유월절 식사를 준비했다.

¹⁷⁻¹⁸ 해가 진 후에, 예수께서 열두 제자를 데리고 오셨다. 그들이 식탁에 앉아 저녁을 먹고 있는데, 예수께서 말씀하셨다. "괴롭지만 너희에게 중요한 말을 해야겠다. 지금 나와 함께 먹고 있는 너희 가운데 한 사람이, 음모를 꾸미는 세력에게 나를 넘겨줄 것이다."

¹⁹ 그들이 소스라치게 놀라서, 한 사람씩 돌아가며 묻기 시작했다. "저는 아니겠지요?"

²⁰⁻²¹ 예수께서 말씀하셨다. "열두 명 가운데 한 사람, 곧 나와 같은 그릇에서 함께 먹는 사람이 그다. 인자가 배반당하는 것이 성경에 기록되어 있으니, 이것이 전혀 뜻밖의 일은 아니다. 그러나 인자를 배반하여 넘겨줄 그 사람은, 이 일을 하느니 차라리 태어나지 않았으면 좋았을 것이다!"

이것은 내 몸과 내 피다

²² 식사중에 예수께서 빵을 들어 축복하시고, 떼어서 그들에

게 주시며 말씀하셨다.

받아라. 이것은 내 몸이다.

²³⁻²⁴ 또 잔을 들어 하나님께 감사하신 후에 그들에게 주셨
고, 그들은 다 그 잔을 돌려 마셨다. 예수께서 말씀하셨다.

이것은 내 피다.
많은 사람들을 위해 붓는
하나님의 새 언약이다.

²⁵ "하나님 나라에서 마실 새날까지, 내가 다시는 포도주를
마시지 않을 것이다."
²⁶ 그들은 찬송을 부르고 곧장 올리브 산으로 갔다.

²⁷⁻²⁸ 예수께서 제자들에게 말씀하셨다. "너희 모두 세상이
무너지는 듯한 심정이 들 텐데, 그것이 나 때문이라고 생각
할 것이다. 성경은 이렇게 말한다.

내가 목자를 치리니
양들이 허둥지둥댈 것이다.

그러나 내가 다시 살아난 뒤에는, 너희보다 앞장서 갈릴리로 갈 것이다."

29 베드로가 불쑥 말했다. "모든 것이 무너지고 모두가 주님을 부끄러워하더라도, 저는 그러지 않겠습니다."

30 예수께서 말씀하셨다. "너무 자신하지 마라. 오늘 바로 이 밤, 수탉이 두 번 울기 전에 네가 나를 세 번 부인할 것이다."

31 베드로가 거세게 반발했다. "주님과 함께 죽는 한이 있더라도, 절대로 주님을 부인하지 않겠습니다." 다른 제자들도 모두 똑같이 말했다.

겟세마네에서 기도하시다

32-34 그들이 겟세마네라는 곳에 이르렀다. 예수께서 제자들에게 말씀하셨다. "내가 기도하는 동안에 너희는 여기 앉아 있어라." 예수께서 베드로와 야고보와 요한을 데리고 가셨다. 예수께서 두려움과 깊은 근심에 빠지셨다. 예수께서 그들에게 말씀하셨다. "지금 나는 괴로워 죽을 것 같다. 여기서 나와 함께 깨어 있어라."

35-36 예수께서 조금 더 나아가 땅에 엎드리셔서, 피할 길을 위해 기도하셨다. "아빠, 아버지, 아버지께서는 나를 여기서 벗어나게 하실 수 있습니다. 이 잔을 내게서 거두어 주십시오. 그러나 내가 원하는 대로 하지 마시고, 아버지께서 원하시는 대로 행하십시오. 아버지께서 원하시는 것이 무엇입니까?"

³⁷⁻³⁸ 예수께서 돌아와 보니, 제자들이 곤히 잠들어 있었다. 예수께서 베드로에게 말씀하셨다. "시몬아, 네가 자다니, 어찌 내게 이럴 수 있느냐? 단 한 시간도 나와 함께 견딜 수 없더냐? 깨어 있어라. 자신도 모르게 위험지대에 들어서는 일이 없도록 기도하여라. 세상을 몰라서는 안된다. 너는 하나님 안에서 무엇이든 열심히 할 각오가 되어 있다만, 한편으로는 난롯가에 잠든 늙은 개처럼 나른하구나."

³⁹⁻⁴⁰ 예수께서 다시 가서 똑같은 기도를 드리셨다. 예수께서 돌아와 보니, 이번에도 제자들이 곤히 잠들어 있었다. 도저히 눈이 떠지지 않았던 것이다. 그들은 무슨 말로 변명해야 할지 몰랐다.

⁴¹⁻⁴² 예수께서 세 번째로 돌아와 말씀하셨다. "밤새도록 자려느냐? 아니다. 잠은 충분히 잤다. 때가 되었다. 인자가 죄인들의 손에 팔린다. 일어나거라! 가자! 나를 배반할 자가 왔다."

무리에게 잡히시다

⁴³⁻⁴⁷ 예수의 입에서 그 말이 떨어지자마자, 열두 제자 가운데 하나인 유다가 나타났다. 그 곁에는 대제사장과 종교 학자와 지도자들이 보낸 폭력배가 칼과 몽둥이를 들고 함께 있었다. 배반자는 그들과 암호를 짜 두었다. "내가 입 맞추는 사람이 바로 그 자니, 그를 잡으시오. 절대 도망치지 못하게 하시오." 그는 곧장 예수께 가서 "랍비님!" 하고 그분

께 입을 맞추었다. 그러자 무리가 그분을 붙잡아 거칠게 다루었다. 거기 서 있던 사람들 가운데 하나가, 칼을 뽑아 휘둘러서 대제사장의 종의 귀를 잘라 버렸다.

48-50 예수께서 그들에게 말씀하셨다. "내가 위험한 범죄자라도 되는 것처럼 칼과 몽둥이로 나를 잡으러 오다니, 이게 무슨 짓이냐? 내가 날마다 성전에 앉아서 가르쳤지만, 너희는 내게 손 하나 대지 않았다. 사실 너희가 한 일은, 예언자의 글을 확증하는 것이다." 제자들은 모두 황급히 달아났다.

51-52 한 청년이 예수를 따라가고 있었다. 그는 홑이불 하나만 몸에 걸치고 있었다. 사람들이 그를 붙잡았으나, 그는 홑이불을 버려둔 채 벌거벗은 몸으로 급히 달아났다.

유대 의회 앞에 서시다

53-54 그들이 예수를 대제사장에게 끌고 갔다. 거기에 대제사장과 종교 지도자와 학자들이 함께 모여 있었다. 그들이 대제사장의 안뜰에 이를 때까지 베드로는 안전한 거리를 두고 뒤따라갔다. 거기서 그는 하인들 틈에 섞여서 불을 쬐었다.

55-59 대제사장들은 유대 의회와 공모해 예수께 사형을 선고할 만한 불리한 증거를 찾았지만, 하나도 찾지 못했다. 많은 사람들이 자청하여 거짓 죄목을 댔으나, 서로 맞지 않아 무효가 되고 말았다. 그 가운데 몇몇 사람들이 일어나서 이런 거짓말을 했다. "우리가 이 자의 말을 들었는데, '힘들게 지은 이 성전을 헐고, 손 하나 대지 않고도 성전을 사흘 만에

짓겠다'고 했습니다." 그러나 그들조차도 증언이 서로 일치하지 않았다.

60-61 이때 대제사장이 일어서서 예수께 물었다. "이 증언에 대해 너는 뭐라고 말하겠느냐?" 예수께서 침묵하셨다. 아무 말씀도 하지 않으셨다.

대제사장이 다시 나서서 이번에는 이렇게 물었다. "네가 찬양받으실 분의 아들 메시아냐?"

62 예수께서 말씀하셨다. "그렇다. 내가 그다. 너희 눈으로 직접 보게 될 것이다.

> 전능하신 분의 오른편에
> 앉은 인자가
> 하늘 구름을 타고 올 것이다."

63-64 대제사장이 흥분해서, 자기 옷을 찢으며 소리쳤다. "여러분은 이 말을 들었소? 이러고도 우리에게 무슨 증인이 더 필요하겠소? 그가 하나님을 모독하는 것을 여러분이 들었소! 여러분은 이 신성모독을 그냥 두고 볼 셈이요?"

그들은 일제히 예수를 정죄했다. 사형선고가 내려졌다.

65 그들 가운데 몇 사람이 예수께 침을 뱉었다. 그들은 예수의 눈을 가린 채 그분을 치면서 말했다. "너를 친 사람이 누구냐? 알아맞혀 봐라!" 경비병들은 그분을 주먹과 손바닥

으로 때리면서 끌고 갔다.

베드로가 예수를 부인하다

66-67 이 모든 일이 벌어지는 동안, 베드로는 안뜰 아래쪽에 있었다. 대제사장의 여종 하나가 들어와서, 불을 쬐고 있는 베드로를 유심히 뜯어보며 말했다. "당신도 나사렛 예수와 함께 있지 않았나요?"

68 베드로가 부인했다. "당신이 무슨 말을 하는지 모르겠소." 그는 문간으로 나갔다. 그때에 수탉이 울었다.

69-70 여종이 그를 알아보고는, 옆에 둘러선 사람들에게 말하기 시작했다. "이 사람도 그들과 한패예요." 베드로는 다시 부인했다.

잠시 후, 곁에 있던 사람들이 다시 그 말을 꺼냈다. "당신도 그들 가운데 하나가 틀림없소. 갈릴리 사람이라는 표시가 당신 온몸에 새겨져 있소."

71-72 베드로는 너무 두려워서 저주하며 말했다. "나는 당신들이 말하는 그 사람을 본 적도 없소." 바로 그때, 두 번째로 수탉이 울었다. 베드로는 "수탉이 두 번 울기 전에 네가 나를 세 번 부인할 것이다"라고 하신 예수의 말씀이 생각났다. 그는 그대로 주저앉아 울었다.

빌라도에게 사형선고를 받으시다

15

¹ 동틀 무렵, 대제사장들이 종교 지도자와 학자들과 더불어 유대 의회 전체와 모임을 가졌다. 그들은 예수를 단단히 결박한 뒤, 데리고 나가서 빌라도에게 넘겼다.

²⁻³ 빌라도가 예수께 물었다. "네가 유대인의 왕이냐?" 예수께서 대답하셨다. "네가 그렇게 말하면 그렇다." 대제사장들은 줄줄이 고발을 늘어놓았다.

⁴⁻⁵ 빌라도가 다시 물었다. "아무 대답도 하지 않겠느냐? 고발의 목록이 제법 길다." 그분은 아무 말이 없으셨다. 그것은 빌라도에게 아주 깊은 인상을 남겼다.

⁶⁻¹⁰ 명절이 되면 백성이 요구하는 죄수 하나를 풀어 주는 관례가 있었다. 바라바라 하는 죄수가 있었는데, 그는 로마에 대항하는 반란 중에 살인을 저지른 선동자들과 함께 감금되어 있었다. 무리가 다가와서 죄수를 풀어 달라는 탄원을 올리려고 할 즈음에, 빌라도는 이미 그들이 할 말을 예상하고 있었다. "여러분은 내가 유대인의 왕을 풀어 주기를 원하오?" 빌라도는 대제사장들이 예수를 자기에게 넘긴 것이 순전히 악의에서 비롯된 일임을 알고 있었다.

¹¹⁻¹² 대제사장들은 바라바를 풀어 달라고 하도록, 이미 무리를 선동해 두었다. 빌라도가 되받았다. "당신들이 유대인의 왕이라고 하는 이 사람을 내가 어찌하면 되겠소?"

¹³ 그들이 소리를 질렀다. "십자가에 못 박으시오!"

¹⁴ 빌라도가 따졌다. "그러나 무슨 죄목 때문이오?"

그들은 더 크게 소리질렀다. "십자가에 못 박으시오!"

¹⁵ 빌라도는 무리의 뜻을 들어주었다. 바라바를 석방하고, 예수는 채찍질하여 십자가에 못 박도록 넘겨주었다.

¹⁶⁻²⁰ 병사들이 예수를 (브라이도리온이라 하는) 관저로 데리고 들어가서, 부대 전체를 불러 모았다. 그들은 예수께 자주색 옷을 입히고, 가시나무로 엮은 왕관을 그분 머리에 씌웠다. 그리고 예수를 조롱하기 시작했다. "유대인의 왕, 만세!" 그들은 몽둥이로 그분의 머리를 때리고, 침을 뱉고, 무릎을 꿇고서 그분께 경배하는 시늉을 했다. 실컷 즐기고 난 그들은, 예수의 자주색 망토를 벗기고 다시 그분의 옷을 입혔다. 그런 다음, 예수를 십자가에 못 박으려고 끌고 나갔다.

십자가에 못 박히시다

²¹ 알렉산더와 루포의 아버지인 구레네 사람 시몬이, 마침 일을 마치고 그 길을 지나고 있었다. 병사들이 그에게 예수의 십자가를 지게 했다.

²²⁻²⁴ 병사들은 예수를 '해골 언덕'이라는 뜻의 골고다로 데려갔다. 그들은 (포도주와 몰약을 섞어서 만든) 가벼운 진통제를 예수께 주었으나, 그분은 마시려고 하지 않으셨다. 곧 그들이 예수를 십자가에 못 박았다. 그들은 예수의 옷가지를 나눠 가지며 누구 몫이 되나 보려고 주사위를 던졌다.

²⁵⁻³⁰ 병사들은 오전 아홉 시에 예수를 십자가에 못 박았다.

'유대인의 왕'이라고 쓰여진 그분의 죄목이 십자가에 적혀 있었다. 예수와 함께 죄수 두 사람도 십자가에 달렸는데, 하나는 그분 오른쪽에, 다른 하나는 그분 왼쪽에 달렸다. 길을 가던 사람들은 슬픈 척 고개를 저으며 예수를 조롱했다. "성전을 헐고 사흘 만에 다시 짓겠다고 으스대던 네가 아니냐. 그러니 실력을 보여 봐라! 네 자신을 구원해 보라고! 네가 정말 하나님의 아들이면 그 십자가에서 내려와 봐라!"

31-32 바로 그 자리에서, 대제사장들도 종교 학자와 나머지 사람들과 어울려 신나게 그분을 비웃었다. "그가 다른 사람은 구원하더니 자기는 구원하지 못하는군! 메시아라고? 이스라엘의 왕이라고? 그럼 그 십자가에서 내려와 보시지. 그러면 우리가 다 믿을 텐데!" 예수와 함께 십자가에 못 박힌 사람들까지도 조롱에 가세했다.

33-34 정오에 하늘이 칠흑같이 어두워졌다. 어둠은 이후 세 시간 동안 계속되었다. 세 시에 예수께서 깊은 데서부터 신음하며 큰소리로 부르짖으셨다. "엘로이, 엘로이, 라마 사박다니?" 이 말은 '나의 하나님, 나의 하나님, 어찌하여 나를 버리셨습니까?'라는 뜻이다.

35-36 곁에서 그 말을 들은 몇몇 사람들이 "들어 보아라. 이 사람이 엘리야를 부른다" 하고 말했다. 누군가가 솜뭉치를 신 포도주에 적셔서, 장대에 달아 올려 예수께 주면서 말했다. "엘리야가 와서 그를 내려 주나 보자."

37-39 그러나 예수께서 크게 소리지르시고 숨을 거두셨다. 그

순간, 성전의 휘장 한가운데가 찢어졌다. 그분 앞에서 보초를 서고 있던 로마군 지휘관이 그분의 숨이 멎은 것을 보고 말했다. "이 사람은 하나님의 아들이 틀림없다!"

무덤에 묻히시다

40-41 여자들이 멀리서 지켜보고 있었는데, 그중에는 막달라 마리아, 작은 야고보와 요세의 어머니 마리아 그리고 살로메도 있었다. 이 여자들은 예수께서 갈릴리에 계실 때 그분을 따르며 섬겼고, 그분과 함께 예루살렘까지 올라온 사람들이다.

42-45 그날은 예비일(곧 안식일 전날)인데, 오후 늦게 유대 의회의 명망 높은 의원인 아리마대 사람 요셉이 왔다. 그는 하나님 나라를 바라보면서, 그 나라를 손꼽아 기다리며 사는 사람이었다. 그는 용기를 내어 빌라도에게 가서, 예수의 시신을 거두게 해달라고 청했다. 빌라도는 예수가 그렇게 금세 죽을 수 있는지 의아해 하면서, 지휘관을 불러 그가 정말로 죽었는지 확인하게 했다. 지휘관의 확인을 받고서, 빌라도는 요셉에게 예수의 시신을 내주었다.

46-47 세마포 수의를 사 둔 요셉은, 예수를 십자가에서 내려 수의에 쌌다. 그런 뒤에 바위를 깎아서 만든 무덤에 그분을 모셔 두고, 큰 돌을 굴려서 입구를 막았다. 막달라 마리아와 요세의 어머니 마리아가 장례 치르는 것을 지켜보았다.

그분은 다시 살아나셨다

16

¹⁻³ 안식일이 지나자, 막달라 마리아와 야고보의 어머니 마리아와 살로메는 예수께 바르려고 향료를 샀다. 일요일 이른 새벽 해 뜰 무렵에, 그들은 무덤으로 갔다. 그들은 "누가 우리를 위해 무덤에서 돌을 굴려 줄까?" 하고 서로 걱정하며 말했다.

⁴⁻⁵ 그들이 문득 고개를 드니 돌―아주 큰 돌이었다―이 이미 굴려져 있었다. 그들은 곧바로 안으로 들어갔다. 한 청년이 흰옷 차림으로 오른쪽에 앉아 있는 것이 보였다. 그들은 몹시 당황하여 놀랐다.

⁶⁻⁷ 그가 말했다. "두려워 마라. 너희가 나사렛 예수, 십자가에 못 박히신 그분을 찾는 줄을 안다. 그분은 다시 살아나셨다. 그분은 더 이상 여기 계시지 않는다. 너희 눈으로 보는 것처럼 이곳은 비어 있다. 자, 어서 가거라. 그분께서 너희보다 먼저 갈릴리로 가신다고 제자들과 베드로에게 말하여라. 그분이 전에 말씀하신 대로, 너희는 거기서 그분을 뵐 것이다."

⁸ 그들은 얼른 밖으로 나왔다. 현기증이 날 정도로 정신이 없었고, 너무 놀라서 아무한테도 말하지 못했다.

⁹⁻¹¹ [예수께서 죽은 자들 가운데서 살아나신 뒤 일요일 이른 아침에, 막달라 마리아에게 나타나셨다. 마리아는 예수께서 전에 일곱 귀신에게서 구해 준 사람이다. 마리아는 예수와 함께하던 사람들이 슬퍼하며 울고 있는 곳으로 가서 말했다. 그들은 살아 계

신 그분을 분명히 뵈었다는 마리아의 말을 듣고도 믿지 않았다.

12-13 나중에 그들 가운데 두 사람이 시골길을 걸어가고 있는데, 예수께서 다른 모습으로 그들에게 나타나셨다. 그들이 돌아가서 나머지 사람들에게 말했으나, 역시 믿지 않았다.

14-16 그 후에, 열한 제자가 저녁을 먹고 있는데 예수께서 나타나셔서, 그분이 살아나신 것을 본 사람들의 말을 믿지 않은 제자들의 불신앙을 아주 엄하게 꾸짖으셨다. 그리고 말씀하셨다. "세상 속으로 들어가거라. 어디든지 가서, 하나님의 복된 소식인 **메시지**를 모두에게 알려라. 누구든지 믿고 세례를 받으면 구원을 받고, 누구든지 믿지 않으면 정죄를 받을 것이다.

17-18 믿는 사람들에게 따를 표적 몇 가지는 이렇다. 그들은 내 이름으로 귀신을 쫓아내고, 새로운 방언으로 말하고, 손으로 뱀을 집고, 독을 마셔도 상하지 않으며, 병자에게 손을 얹어 낫게 할 것이다."

19-20 간략하게 말씀하신 뒤에, 주 예수께서 하늘로 들려 올라가셔서, 하나님 옆 영광의 자리에 앉으셨다. 제자들은 어디든지 가서 **메시지**를 전했다. 주님이 친히 그들과 함께 일하시며, 명백한 증거로 **메시지**를 확증해 주셨다.]

* 괄호 안의 마가복음 16장 9-20절은 후기 사본들에만 들어 있다.